太阳能建筑一体化技术应用
(光伏部分)

海 涛 何 江 主 编
林 波 李畸勇 蒋海平 副主编
李啸骢 主 审

科 学 出 版 社
北 京

内 容 简 介

本书介绍各种太阳能建筑一体化的基础知识。重点介绍国内外太阳能发展现状，太阳能光伏构件、光伏发电、光伏建筑一体化应用案例和设计原则等。全书共9章，内容包括绪论、太阳能电池工作原理及组件、光伏并网发电系统、光伏并网逆变器及最大功率点跟踪和孤岛效应、光伏电站汇流防逆流装置及通信功能、太阳能电池组件建筑一体化应用实例、光伏建筑一体化设计原则、光伏建筑一体化典型实例、太阳能光伏电站案例以及附录。

本书可以作为太阳能建筑一体化应用相关专业本科生和研究生教科书，也可供相关技术人员参考、阅读。

图书在版编目（CIP）数据

太阳能建筑一体化技术应用. 光伏部分/海涛，何江主编. —北京：科学出版社，2015.6（2020.7重印）

ISBN 978-7-03-044744-9

Ⅰ.太… Ⅱ.①海… ②何… Ⅲ.太阳能建筑-研究 ②太阳能电池-研究 Ⅳ.①TU18 ②TN914.4

中国版本图书馆CIP数据核字（2015）第124364号

责任编辑：杨 凯 / 责任制作：魏 谨
责任印制：张 伟 / 封面设计：杨安安

北京东方科龙图文有限公司制作
http://www.okbook.com.cn

科学出版社 出版
北京东黄城根北街16号
邮政编码：100717
http://www.sciencep.com

涿州市般润文化传播有限公司 印刷

科学出版社发行 各地新华书店经销

*

2015年7月第 一 版 开本：720×1000 1/16
2020年7月第三次印刷 印张：11 1/2
字数：200 000

定价：48.00元

（如有印装质量问题，我社负责调换）

太阳能建筑一体化技术应用
编委会名单

前　言

地球环境由于大量燃烧矿物能源产生了很明显的变化，减少传统常规能源的消耗量、减少温室气体的排放和保护环境已迫在眉睫。建筑能耗是各行业中的耗能大户，我国建筑耗能接近社会总能耗的30%，如何有效降低建筑能耗是目前人们关注的焦点之一。太阳能以其清洁、用之不竭的特性引起人们的高度关注，太阳能光伏建筑将成为最普及的建筑可再生能源利用形式之一。本书综述了太阳能光伏利用的主要理论知识和应用技术，介绍了国内外太阳能光伏应用的发展趋势，以及我国在太阳能光伏利用方面的进展和优势，阐述了太阳能建筑一体化综合设计的原则和方法。全书共9章（分三部分），第一部分包括第1、2章，介绍了太阳能研究背景及太阳能电池组件；第二部分包括第3~5章，叙述了光伏发电系统、并网原理，汇流和防逆流装置、最大功率跟踪等；第三部分由第6~9章组成，描述了光伏建筑一体化设计原则、光伏构件倾角、高层住宅建筑遮挡等因素对发电的影响，太阳能光伏系统的节能效益分析，太阳能建筑一体化实例及部分公司应用案例。

当前，我国高等教育正面临新时期的发展需求。培养应用型技术人才是工科教育的一个重要教学目标。本书重点突出知识的应用性，以满足在应用能力培养实施过程中对教材的同步需求。可作为太阳能应用专业的本、专科教材，也可供硕士研究生及从事相关工程的技术人员参考、阅读，面向工程实践，书中许多章节有详细案例。每章开头有内容提要，结尾有小结和习题，便于教学和自学。

本书的编写工作开始于2013年2月，由广西大学电气工程学院硕士生导师海涛教授级高级工程师、广西大学土木建筑工程学院博士生导师何江教授任主编；广西比迪光电科技工程有限责任公司林波、广西大学李畸勇、广西拓瑞能源有限公司蒋海平任副主编；广西大学电气工程学院博士生导师李啸骢教授担任本书的主审。参与本书编写工作的还有广西大学朱浩、吴争、梁挺兴、梁文恒、邓力涌、陈凯，广西经贸职业技术学院吴言，广西比迪光电科技工程有限责任公司闭耀宾，广西中烟公司李大田、韦文，广西拓瑞能源有限公司吴文伟，泰国博仁大学（Dhurakij Pundit University）海蓝天等。海涛负责全书编写和统稿工作。

在本书的编写过程中，广西比迪光电科技工程有限责任公司温筱茜教授、李峙霖，广西大学电气学院闻科文、张朝、向轩琳、王海阳、孙博海、区维标等人做了很多工作，对编撰此书也给予了大力支持和帮助，在此对他们的辛勤工作表示感谢。

本书编写出版得到了国家自然基金项目“建筑一体化太阳能系统设计与分析技术研究”（项目编号：51368003）的经费资助。

由于时间紧迫，编者水平有限，书中谬误之处在所难免，恳请读者批评指正。

E-mail：haitao5913 @ 163.com

编者

2015 年 1 月

目录

第1章 绪论

1.1 引 言

在全世界的能源结构中，我们使用的不可再生能源如石油、煤炭和天然气所占的比例大于80%。随着全球工业化快速发展、人口增长和社会生活水平的显著提高，能源需求不断增长与能源日益枯竭形成了鲜明的对比，世界面临着的能源缺乏的巨大挑战。化石燃料的燃烧向大气释放大量的二氧化碳、二氧化硫等有害气体，此类气体的排放对自然环境造成严重污染，给人类赖以生存的生态环境带来灾难。减少不可再生能源的消费和保护生态环境是全世界努力的方向，其中，建筑消耗的巨大能量是一个重要的问题。光伏建筑一体化是将太阳能发电产品应用到建筑中的一种新概念，用太阳能替代石化能源，是缓解能源短缺和保护生态环境的有效途径之一。

根据21世纪初统计的关于世界能源储量的调查研究数据显示：石油可开采的年数为39年、天然气可开采年数为61年、煤炭可采年数为220年，世界范围内的石油消耗增长率约为2%，在这个增长速度下，到2050年，石油消费量约为现在的一倍，所有的石油能源将会在短短的40年内消耗殆尽。随着我国经济的迅猛发展、人口基数增加和社会生活水平的提高，赖以生存的能源面临着严峻的挑战。我国能源剩余资源探明储量如表1.1所示。

表1.1　我国能源剩余资源探明储量和开发年限

资源名称	煤炭	石油	天然气	水资源
探明储量	1145亿吨	11704亿 m^3	32.736亿吨	353GM
可开采年限	54~81	28~58	15~20	38~104
开采截止至	2050~2077年	2024~2054年	2011~2016年	2034~2100年

我国可开发能源总储量约占世界总量的10.1%，但我国人口众多，使得人均能源资源占有量远低于世界平均水平。化石燃料的使用引发的又一重大问题就是环境污染和生态失衡。化石燃料的大量燃烧产生的温室气体，对大

气环境和生态系统产生了极其严重的影响。

太阳能以其清洁、无污染、取之不尽、用之不竭的优点，越来越受到人们的关注。另外，随着现代电力电子技术以及数字信号处理技术的不断进步，太阳能光伏发电得到了巨大的发展，成为目前利用太阳能的主要方式之一。欧洲联合研究中心（JRC）对光伏发电的未来发展做出如下预测：2020 年世界太阳能发电的发电量占世界总能源需求的 1%，2050 年占到 20%，2100 年则将超过 50%。所以光伏发电有着非常广泛的应用前景，是人类实现可持续发展的重要途径。

1.2 光伏发电概况

1.2.1 国外光伏发电状况

美国、欧洲、日本等发达国家和发展中国家都为自己制定了一系列光伏发展策略和激励政策，使光伏发电产业成为世界光伏发电市场的主要增长点，全球总装机容量逐年递增。根据欧洲 JRC 机构对未来几十年能源结构的预测，到 2030 年，可再生能源在能源总结构中占到 30%以上，而光伏发电在电力供应中应达到 10%以上，2040 年，可再生能源在能源总结构中占到 50%以上，光伏发电占电力供应的 20%以上，到 21 世纪末，可再生能源应占到 80%以上，光伏发电占到 60%以上，显示出光伏发电在能源总结构发展战略中的重要地位。由此可见太阳能光伏发电是众多发达国家竞相发展的热点，发展迅速，市场广阔，前景诱人。

由于光伏发电具有随处可用，运行成本低，无污染，无噪声，不产生废弃物的特点，在世界各国的支持以及相关政策的激励之下正在迅猛发展。

得益于持续下降的太阳能发电成本，2015 年全球光伏市场需求将增长 16%~25%，预计将会有 53GW 到 57GW 的全年安装量。从地理区位来看，全球主要太阳能市场将继续集中在中日美等环太平洋市场。从绝对增长数量来看，中国、美国以及印度将会是主要市场。

1.2.2 国内光伏发电状况

我国太阳能产业起步比较晚，虽然集热器安装量在世界上排行第一，但是技术含量和集热效率方面普遍较低。进入 21 世纪后，我国出台了一系列优惠政策支持、鼓励和促进光伏产业，使得我国光伏产业的道路越走越宽广，光伏发电技术水平显著提高。

我国太阳能资源丰富，全国各地太阳年辐射总量为3340~8400MJ/m²。太阳能资源分布有明显的地域性，宁夏北部、甘肃北部、新疆东南部、青海西部和西藏西部等地是中国太阳能资源最丰富的地区。在我国的大西北，太阳能具有十分巨大的开发潜力。

从2014年年初国家能源局印发的《国家能源局关于下达2014年光伏发电年度新增建设规模的通知》（国能新能〔2014〕33号）中来看，分布式光伏发电建设规模占800万千瓦，超过建设规模总额的一半，可见国家全力支持发展分布式光伏发电，分布式光伏发电是未来光伏发电发展的重心。

2014年9月，国家能源局印发《国家能源局关于进一步落实分布式光伏发电有关政策的通知》（国能新能〔2014〕406号），对分布式光伏的定义有了扩展，将在地面或利用农业大棚等无电力消费设施建设、以35千伏及以下电压等级接入电网（东北地区66千伏及以下）、单个项目容量不超过2万千瓦且发电量主要在并网点变电台区消纳的光伏电站项目纳入分布式光伏发电规模指标管理，执行当地光伏电站标杆上网电价。此举有利于我国中、东部地区建设分布式光伏发电系统，保障了项目业主在这些地区建设分布式发电系统的投资回报率。

由于国家对分布式光伏全力支持，分布式光伏发电将会有较快发展。

1.3 光伏建筑一体化的概况

光伏建筑一体化（building integrated photovoltaic, BIPV）的定义为："将太阳能发电（光伏）产品集成到建筑上的一种概念"。如今，随着人们对一体化概念理解的深入，更多的将一体化理解为"与建筑同时设计、同时施工、同时安装并与建筑物完美结合的太阳能光伏发电系统"。光伏建筑一体化的出现在很大程度上与建筑能耗的急剧增加有密切的关系。

建筑节能与BIPV技术建筑能耗(包括建造能耗、生活能耗、采暖空调等)约占全社会总能耗的30%，而这30%还仅仅是建筑物在建造和使用过程中消耗的能源比例，如果再加上建材生产过程中耗掉的能源，和建筑相关的能耗将占到社会总能耗的46.7%。根据预测，若能达到国家50%的建筑节能目标，到2020年，我们可以把建筑能耗控制在7.54亿吨标准煤，这相当于英国或法国的全年能耗总量。

可再生能源在建筑中的应用可把消耗能源大户变为生产能源的新兴力量，

是创建资源节约型和环境友好型社会的重点领域和关键环节。

1. 光伏建筑的由来

在20世纪80年代，光伏地面应用除了大量作为独立电源系统外，已经开始进入联网用户和商业建筑领域。

进入90年代后，随着常规发电成本的上升和人们对环境保护的日益重视，一些国家纷纷实施和推广太阳能屋顶计划，比较著名的有德国十万屋顶计划、美国百万屋顶计划以及日本的新阳光计划等。

“光伏发电与建筑集成化”（BAPV/BIPV）的概念也在1991年被正式提出并很快成为研究性课题。目前，人们认为光伏建筑一体化就是BIPV。

2. 光伏建筑的发展方向

在高速发展的现代生活中建筑物空气温度调节消耗着大量的能量。据有关统计，在我国它要占到建筑物总能耗的约70%。用空调机和燃煤来控制室温能给室内人员带来暂时舒适环境，这种方式不仅消耗大量能量，还要带来外界的环境污染。太阳能是一种无污染的能源，开发利用太阳能可以在一定程度上解决以上问题。在太阳能用于采暖方面，除造价较高的被动式太阳房有一些示范型建筑外，还没有大规模采用。主动式太阳能供能由于成本更高，与我国的经济发展也是远不相适应。按照房间的功能分类，为了降低太阳能用于建筑供能的一次投资和运行成本，可以采用不同方案的配合及交叉，使得整个方案在商业化的意义下具有可操作性。被动采暖与降温的意义在于使建筑本身能量负荷大大降低，使其所要求主动供能装置提供的能量大大降低。也就是说，它将对昂贵装置的要求降低，这样可以降低太阳能建筑设计的成本。另外，被动供能是巧妙利用自然条件的变化来调节室内温度。我们认为，建筑物内空气温度调节技术发展方向不应当是改变自然环境来满足要求，而是应当尽量合理地利用并顺应自然界来满足人们对健康和舒适的要求。主动供能的意义在于保障建筑室内的舒适性增加。在主动与被动供能相互配合组成供能系统的情况下，整套建筑供能系统的设备性能将会提高，而尺寸和造价将会降低。光伏建筑的发展可以满足人们对生活品质的要求，也能缓解能源危机，改善环境污染，在未来很有发展潜力。

1.3.1 光伏建筑一体化技术的含义

光伏建筑一体化技术是太阳能应用领域的重要方向，是将太阳能发电产品集成到建筑上的技术。图 1.1 是典型的光伏建筑一体化系统结构框图，这个系统简单地展示了光伏建筑一体化系统的组成。

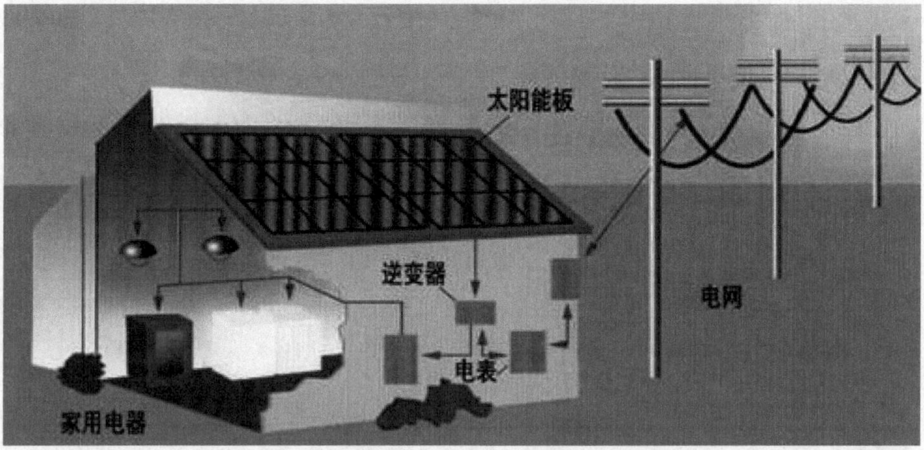

图 1.1 光伏建筑一体化系统结构框图

现代化社会中，人们对舒适的建筑环境的要求越来越高，导致建筑设施的能耗日益增长。太阳能是一种免费无污染的能源，建筑设计中开发利用太阳能既可以满足人们对舒适及健康环境的要求，还能大大降低建筑设施能耗，符合现在低碳环保的要求。

光伏建筑一体化，将太阳能光伏发电方阵安装在建筑的围护结构外表面来提供电力，是应用太阳能发电的一种新概念。根据光伏方阵与建筑结合的方式不同，光伏建筑一体化可分为两大类：一类是光伏方阵与建筑的结合，这种方式是将光伏方阵依附于建筑物上，建筑物作为光伏方阵载体，起支承作用；另一类是光伏方阵与建筑的集成，这种方式是光伏组件以一种建筑材料的形式出现，光伏方阵成为建筑不可分割的一部分，如光电瓦屋顶、光电幕墙和光电采光顶等。在这两种方式中，光伏方阵与建筑的结合是一种常用的形式，特别是与建筑屋面的结合。由于光伏方阵与建筑的结合不占用额外的地面空间，不会改变建筑设计的美观度，是光伏发电系统在城市中广泛应用的最佳安装方式，备受关注。光伏方阵与建筑的集成是 BIPV 的一种高级形式，它对光伏组件的要求较高。光伏组件不仅要满足光伏发电的功能要求，还要兼顾建筑的基本功能要求。

1.3.2 光伏建筑一体化的主要特点

图 1.2 中的别墅是一个简单的光伏建筑系统，光伏建筑系统是一个整体

的系统，是光伏组件和建筑设计的统一结合，它不失美观性。以下是光伏建筑一体化系统的主要优点：

1. 节省土地

光伏阵列一般安装在闲置的屋顶或外墙上，不会破坏建筑设计的美观度，更重要的是无需额外占用土地，在一些人口密度大的大型城市很有商业推广价值和发展前景。

2. 调峰填谷作用

夏天是用电高峰的季节，也正好是日照量最大、光伏系统发电量最多的时期，对电网可以起到调峰填谷作用。

图 1.2　简单的光伏建筑

3. 绿色能源

太阳能是一种取之不尽，用之不竭的可再生能源。它又是最清洁并且是免费的，开发利用过程中不会产生任何生态方面的副作用。太阳能光伏建筑是用太阳能发电，产生的是绿色能源，不会污染环境。

4. 节能作用

光伏阵列吸收太阳能转化为电能，降低了室外综合温度，减少了墙体得热和室内空调冷负荷，可以起到建筑节能作用。因此，发展太阳能光伏建筑一体化，可以节能减排。

5. 降低成本

太阳能光伏建筑一体技术采用并网光伏系统，不需要配备蓄电池，可以降低前期投入成本，又不受蓄电池荷电状态的限制，可以充分利用光伏系统所发出的电能。

1.3.3 太阳能光伏建筑一体化应用应注意的几个问题

太阳能光伏建筑一体化在应用中要注意几个问题：光伏组件的力学性能、建筑的美学要求、建筑结构与光伏组件电学性能的配合等。因太阳能为保护环境创造了有利条件，许多建筑学家巧妙利用太阳能建造太阳能建筑。

本章小结

太阳能发电在可再生能源应用中，技术含量最高，最有发展前途。太阳能发电具有安全可靠，使用寿命长，运行费用少，维护简单，是一种理想的新能源。

光伏与建筑相结合，是光伏系统应用由边远农村地区进入城镇的重要里程碑，具有巨大的潜在的经济价值，现已成为能源和建筑界关注的焦点。

近年来，国外推行的光伏与建筑相结合，极大地推动了光伏并网系统的发展，在城镇建筑物上安装的光伏系统，通常采用与公共电网并网的形式。并网光伏系统不需要配备蓄电池，这样可以节省投资，同时不受蓄电池荷电状态的限制，可以充分地利用光伏系统所发出的电能。

本章习题

1. 光伏建筑一体化的主要优点是什么？其在应用中需注意哪些问题？
2. BIPV 含义是什么？
3. 为什么要光伏建筑一体化？其意义是什么？

第 2 章 太阳能电池工作原理及组件

太阳能电池组件的发电原理主要是光生伏特效应，组件中具有发电功能的是太阳能电池片。在阳光的照射下，镶嵌在组件内的电池片产生了定向移动的电子，形成了电流，从而达到发电的目的。

太阳能电池组件是具有封装及内部连接的、能单独提供直流电输出的、不可分割的最小太阳能电池组合装置。单体太阳能电池不能直接作电源使用，用作电源必须将若干单体电池串并联连接并严密封装成阵列。

建筑与光伏构件的结合是指将光伏组件与建筑材料集成化，光伏组件以一种建筑材料的形式出现，或者光伏阵列成为建筑的一部分。根据建筑与太阳能方阵结合的方式不同，太阳能光伏建筑一体化可分为两大类：一类是光伏方阵与建筑的结合，这种方式是将光伏方阵依附于建筑物上，建筑物作为光伏方阵载体，起支承作用；另一类是光伏方阵与建筑的集成，这种方式是光伏组件以一种建筑材料的形式出现，光伏方阵成为建筑不可分割的一部分，如光电幕墙、光电瓦屋顶和光电采光顶等。在这两种方式中，光伏方阵与建筑的结合是一种常用的形式，特别是与建筑屋面的结合。

2.1 太阳能电池

太阳能电池（简称光伏电池）可以把太阳的光能直接转化为电能。目前地面光伏系统普遍使用的是以硅为基底的硅太阳能电池，可分为单晶硅、多晶硅、非晶硅太阳能电池。在能量转换效率和使用寿命等综合性能方面，单晶硅和多晶硅电池优于非晶硅电池。多晶硅比单晶硅转换效率低，但价格更便宜。

2.1.1 理想太阳能电池等效电路

如图 2.1 所示，当连接负载的太阳能电池收到光照时，图中把光照下的 P–N 结看作一个理想二极管和恒流源并联，太阳能电池可看作是产生光生电流 I_L

的恒流源，与之并联的有一个处于正偏置下的二极管，通过二极管P–N结的漏电流I_D称为暗电流，是在无光照时，由于外电压作用下P–N结内流过的电流，其方向与光生电流方向相反，会抵消部分光生电流，I_D表达式为

$$I_D=I_0(e^{qU/(AkT)}-1) \tag{2.1}$$

式中，I_0为反向饱和电流，是黑暗中通过P–N结的少数载流子的空穴和电子电流的代数和；U为等效二极管的端电压；q为电子电量；T为垫力学温度；A为二极管曲线因子，取值在1~2之间。

因此，流过负载两端的工作电流为

$$I=I_L-I_D=I_{ph}-I_0(e^{qU/(AkT)}-1) \tag{2.2}$$

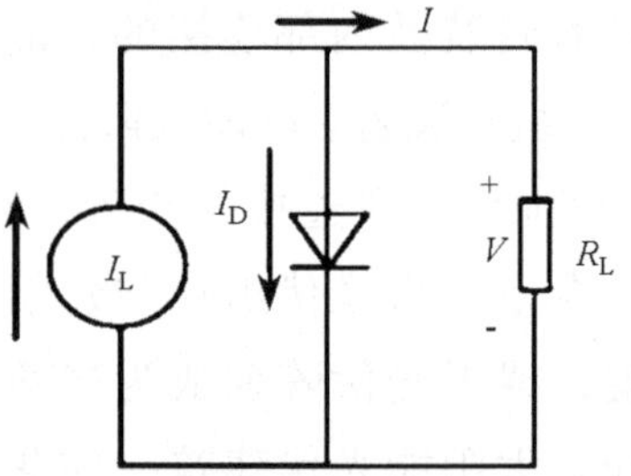

图2.1 理想太阳能电池等效电路

2.1.2 实际太阳能电池等效电路

实际的太阳能电池，由于正面和背面的电极接触板，以及材料本身具有一定的电阻率，基区和顶层都不可避免地要引入附加电阻。流经负载的电流，经过时，必然引起损耗。在等效电路中，可将它们的总效果用一个串联电阻R_s来表示。由于电池边沿的漏电和制作金属化电极时，在电池的微裂纹、划痕等处形成的金属桥漏电等，使一部分本应通过负载的电流短路，这种作用的大小可用一个并联电阻R_{sh}来等效。实际的太阳能电池等效电路如图2.2所示。

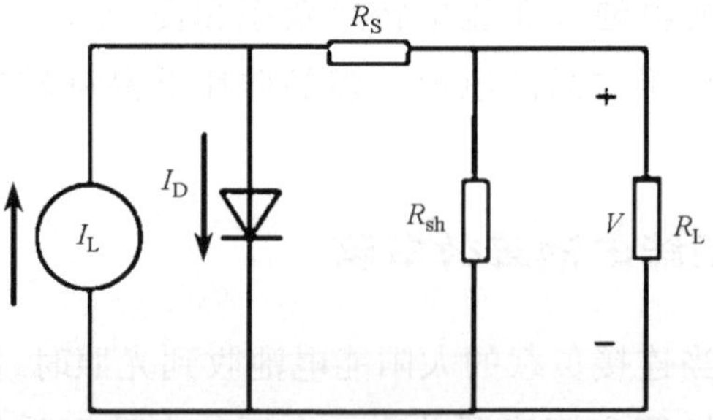

图2.2 实际太阳能电池等效电路

并联电阻 R_{sh} 两端的电压为 $U_j=(U+IR_s)$，因此流过并联电阻 R_{sh} 的电流大小为 $I_{sh}=(U+IR_s)/R_{sh}$，而流过负载的电流为

$$I=I_{ph}-I_D-I_{sh}=I_{ph}-I_0(e^{q(U+IR_s)/AkT}-1)-(U+IR_s)/R_{sh} \tag{2.3}$$

显然，太阳能电池的串联电阻越小，并联电阻越大，越接近于理想的太阳能电池，该太阳能电池的性能也越好。

2.2 太阳能光伏电池

光伏电池的组件主要由三种电池构成：单晶硅太阳能电池、多晶硅太阳能电池、非晶硅太阳能电池。

2.2.1 单晶硅太阳能电池

单晶硅太阳能电池（图 2.3），是以高纯度的单晶硅棒为原料的太阳能电池，是当前开发得最快的一种太阳能电池。它的构造和生产工艺已定型，产品已广泛用于空间和地面。为了降低生产成本，地面应用的太阳能电池等采用太阳能级的单晶硅棒，材料性能指标有所放宽。有的也可使用半导体器件加工的头尾料和废次单晶硅材料，经过复拉制成太阳能电池专用的单晶硅棒，单晶硅太阳能电池以高纯度的单晶硅棒为原料，纯度要求为 99.9999%，因此单晶硅太阳能电池的转换效果比多晶硅和非晶硅太阳能电池的转换率要高。

1. 单晶硅太阳能电池的特点

（1）高可靠性。单晶硅太阳能电池以高纯度的单晶硅棒为原料，纯度要求为 99.9999%，发电性能稳定，有约 20 年的耐久性。

（2）高转换效率。在已实用了的太阳能电池中，单晶硅太阳能电池的转

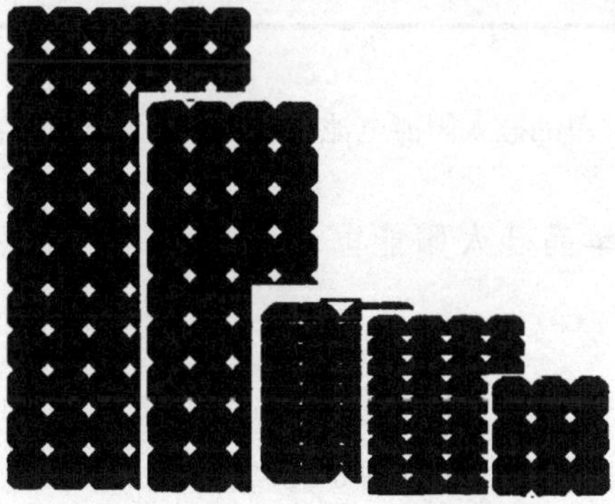

图 2.3 单晶硅太阳能电池

换效率处于较高水平。单晶硅太阳能电池在小面积转换效率约为 24%，在规模化生产中也可以达到 18%。

2. 单晶硅太阳能电池的基本特性参数

（1）开路电压 U_{oc}，即将太阳能电池置于 100mW/cm² 的光源照射下，在两端开路时，太阳能电池的输出电压值。

（2）短路电流 I_{sc}，就是将太阳能电池置于标准光源的照射下，在输出端短路时，流过太阳能电池两端的电流。

（3）最大输出功率 P_m，如果选择的负载电阻值能使输出电压和电流的乘积最大，即可获得最大输出功率。

（4）填充因子 FF，是最大输出功率与开路电压和短路电流乘积之比，是代表太阳能电池在带最佳负载时，能输出的最大功率的特性。

（5）转换效率 η，指在外部回路上连接最佳负载电阻时的最大能量转换效率。

（6）伏安特性，工作状态下太阳电池的电压 – 电流特性。

图 2.4 所示是在给定的日照和温度下短路电流 I_{sc}、开路电压 U_{oc}、输出功率 P_m 与填充因子 FF 的关系。实线部分是 I–V（伏安）曲线，虚线部分为 P–V（伏瓦）曲线。

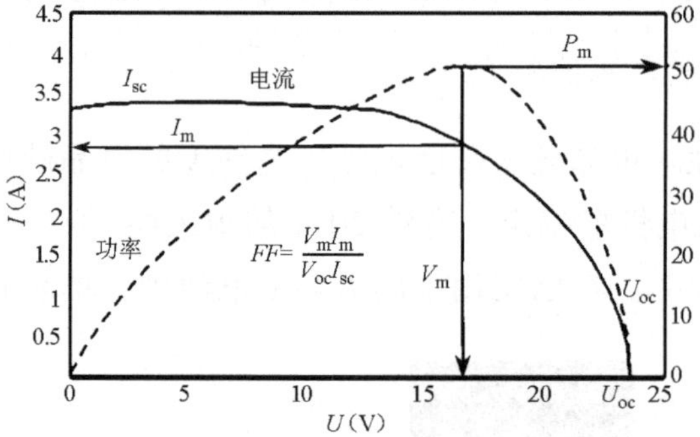

图 2.4 单晶硅太阳能电池固定日照和温度下的特性曲线

3. 温度、光照对单晶硅太阳能电池的影响

I_{sc} 随温度上升而缓慢上升，这是由于串联电阻与并联电阻的存在，光电流流过 R_s 要产生一定压降，当测量短路电流时在 R_{sh} 上也要损失部分电流，而且随着电流的增大，两者的影响也加大，从而抑制了 I_{sc} 的增加，如图 2.5 所示。温度对它的输出开路电压影响大，温度越高，开路电压越低，如图 2.6

所示。

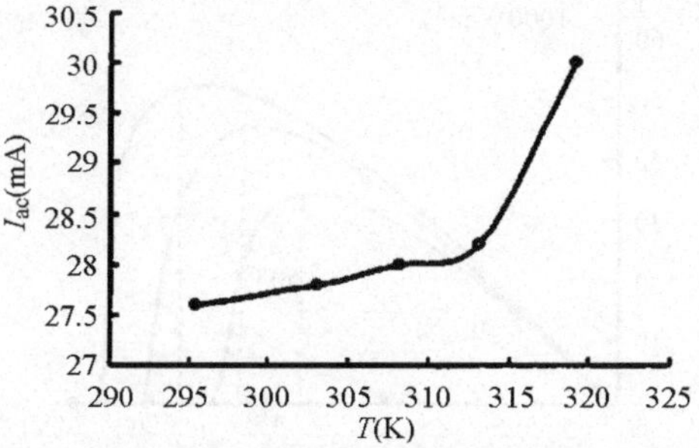

图 2.5 温度对单晶硅太阳能电池 I_{oc} 的影响曲线

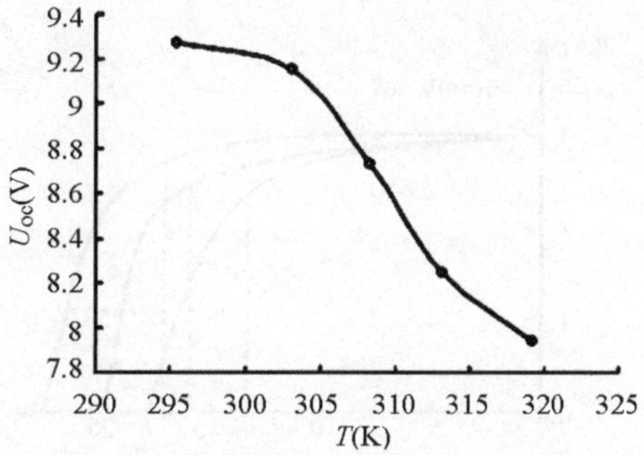

图 2.6 温度对单晶硅太阳能电池 U_{oc} 的影响曲线

在这一温度范围内，输出功率出现一个最大值和一个最小值，并不是朝一个方向变化。如图 2.8 所示，在 305K 左右，电池的输出功率最大。在最大值之后输出功率随温度的增加而降低。

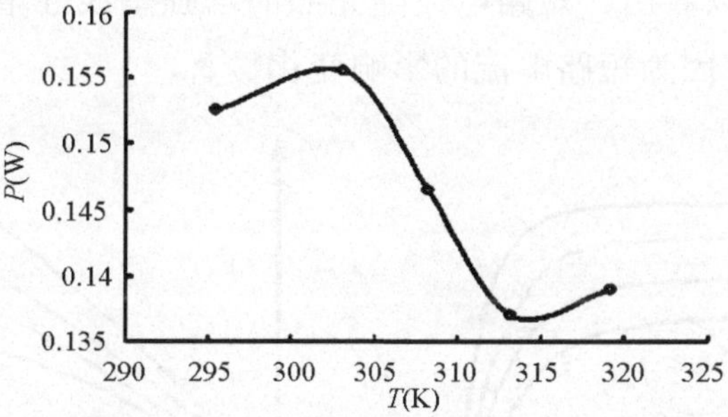

图 2.7 温度对单晶硅太阳能电池输出功率 *P* 的影响曲线

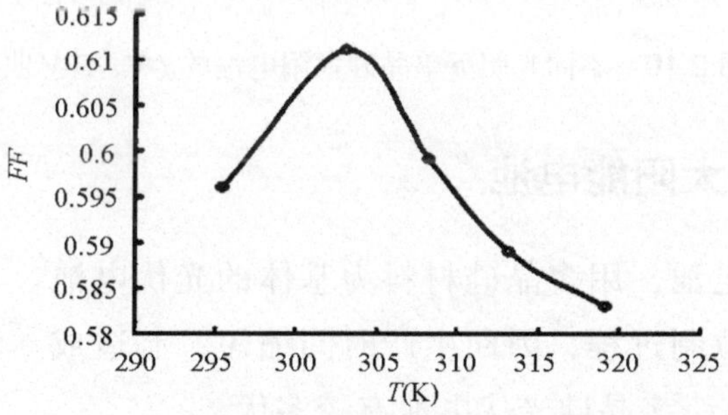

图 2.8 温度对单晶硅太阳能电池填充因子 *FF* 的影响曲线

串、并联电阻对填充因子有较大影响，串联电阻越大，填充因子也随之减少得越多；从图 2.8 看出，并联电阻越小，填充因子随之也下降得越多，在这一温度范围内，填充因子出现一个最大值，填充因子随着温度的变化而变化。

温度对 *I–V* 和 *P–V* 特性的影响如图 2.9 所示。

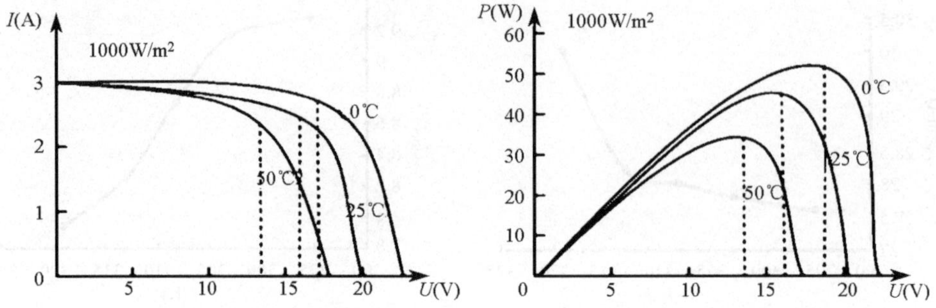

（a）太阳能光伏电池 *I-V* 特性曲线　（b）太阳能光伏电池 *P-V* 特性曲线

图 2.9 不同温度下太阳能光伏电池 *I-V* 和 *P-V* 特性曲线

从图 2.9（a）、（b）可知，当光照强度一定时，温度与开路电压 U_{oc} 和输出功率成反比。

从图 2.10 可以看出，短路电流随光照的增强呈线性增长，开路电压变化很小，但输出功率因为短路电流的影响变化显著。

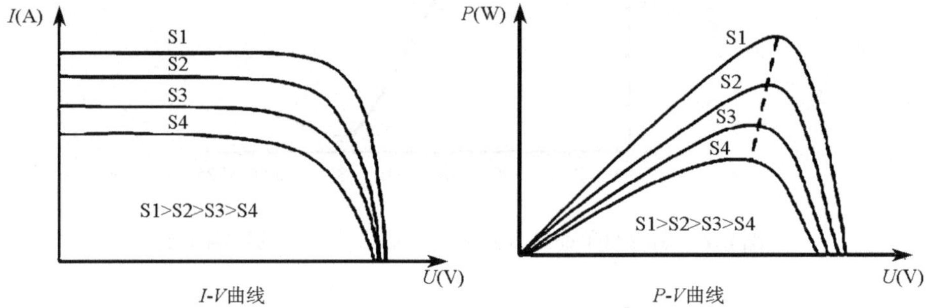

图 2.10 不同光照下单晶硅太阳电池的 *I-V*、*P-V* 曲线

2.2.2 多晶硅太阳能电池

多晶硅光伏电池，用多晶硅材料为基体的光伏电池。多晶硅材料多以浇铸代替单晶硅的拉制过程，因而生产时间缩短，制造成本大幅度降低。与单晶硅光伏电池相比，多晶硅光伏电池有较多优势。

单晶硅太阳能电池虽转换效率较高，但是价格较贵，使得单晶硅太阳能电池在低价市场上的发展遇到阻力，而多晶硅太阳能电池则首先是降低成本，其次才是转换效率。因为多晶硅太阳能电池的性价比较高，所以在实用性方面得到用户的重视。多晶硅太阳能电池与单晶硅太阳能电池虽然结晶结构不一样，但光伏原理相同。如今，太阳能光伏电池重心已由单晶向多晶方向发展，主要原因：

（1）可供应太阳能电池的头尾料愈来愈少。

（2）对太阳能电池来讲，方形基片更合算，通过浇铸法和直接凝固法所获得的多晶硅可直接获得方形材料。

（3）多晶硅的生产工艺不断取得进展，全自动浇铸炉每生产周期（50小时）可生产 200kg 以上的硅锭，晶粒的尺寸达到厘米级。

（4）由于近十年单晶硅工艺的研究与发展很快，其中工艺也被应用于多晶硅电池的生产，例如选择腐蚀发射结、背表面场、腐蚀绒面、表面和体钝化、细金属栅电极，采用丝网印刷技术可使栅电极的宽度降低到 50μm，高度达到 15μm 以上，快速热退火技术用于多晶硅的生产可大大缩短工艺时间，单片热工序时间可在一分钟之内完成，采用该工艺在 $100cm^2$ 的多晶硅片上做出的电池转换效率超过 14%。据报道，在 50 ~ 60μm 多晶硅衬底上制作的电池效率超过 16%。利用机械刻槽、丝网印刷技术在 $100cm^2$ 多晶上效率超过 17%，无机械刻槽在同样面积上效率达到 16%，采用埋栅结构，机械刻槽在 $130cm^2$ 的多晶上电池效率达到 15.8%。

与单晶硅太阳能电池相比，多晶硅电池成本低，但也存在明显缺陷。晶粒界面和晶格错位，造成多晶硅电池光电转换效率一直无法突破 20% 的关口。而单晶硅电池早在 20 多年前就已经突破 20%。然而，近年来多晶硅太阳能电池的技术水平提升很快，截至 2013 年 8 月，其电池转换效率最高已经达到 18.3% 以上，组件转换效率可达 16.5% 以上，与单晶硅的差距正逐步减小。最近，据德国弗劳恩霍夫协会公报显示，目前该协会下属的弗赖堡太阳能系统研究所经过两年攻关，成功开发出一种新技术，可以使多晶硅电池的晶格错位等缺陷得到部分解决。其技术关键是在太阳能电池生产过程中选择适当温度，使多晶硅的电子性能得到提高，并同时形成高效率的太阳能电池结构。该所的研究人员已经找到了适当的温度平衡点，既保证太阳能电池高效率所需高温，又兼顾这一温度在材料可接受的范围以及它在工业生产中的可行性。如果该技术能够达到产业化应用，将进一步提高多晶硅太阳能电池产品的竞争力。其外观如图 2.11 所示。

图 2.11 多晶硅太阳能电池

单晶硅太阳能电池和多晶硅太阳能电池的暗特性比较：从图 2.12 可以看出，单晶硅太阳能电池和多晶硅太阳能电池的暗特性趋势大致相同，多晶的和单晶的相比只是把曲线向下平移了，主要是因为他们的禁带宽度不同。

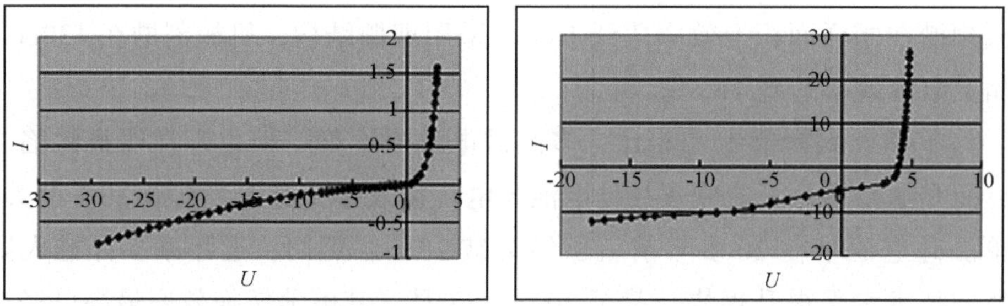

（a）单晶硅太阳能电池的暗特性　　（b）多晶硅太阳能电池的暗特性

图 2.12 太阳能电池的暗特性

2.2.3 非晶硅太阳能电池

非晶硅太阳能电池是 1976 年出现的新型薄膜式太阳能电池（图 2.13），它与单晶硅和多晶硅太阳能电池的制作方法完全不同，硅材料消耗很少，电耗更低。

制造非晶硅太阳能电池的方法有多种，最常见的是辉光放电法，还有反应溅射法、化学气相沉积法、电子束蒸发法和热分解硅烷法等。非晶硅太阳能电池很薄，可以制成叠层式，或采用集成电路的方法制造，在一个平面上，用适当的掩模工艺，一次制作多个串联电池，以获得较高的电压。因为普通晶体硅太阳能电池单个只有 0.5V 左右的电压，现在日本生产的非晶硅串联太阳能电池可达 2.4V。目前非晶硅太阳能电池存在的问题是光电转换效率偏低，国际先进水平为 10% 左右，且不够稳定，常有转换效率衰降的现象，所以尚未大量用于大型太阳能电源，多半用于弱光电源，如袖珍式电子计算器、电子钟表及复印机等方面。估计效率衰降问题克服后，非晶硅太阳能电池将促进太阳能利用的大发展，因为它成本低，重量轻，应用更为方便，它可以与房屋的屋面结合构成住户的独立电源。

非晶硅薄膜太阳能电池的制备方法有很多，其中包括反应溅射法、PECVD 法、LPCVD 法等，反应原料气体为 H_2 稀释的 SiH_4，衬底主要为玻璃及不锈钢片，制成的非晶硅薄膜经过不同的电池工艺过程可分别制得单结电池和叠层太阳能电池。目前非晶硅太阳能电池的研究取得两大进展：第一，三叠层结构非晶硅太阳能电池转换效率达到 13%；第二，三叠层太阳能电池年生产能力达 5MW。美国联合太阳能公司（VSSC）制得的单结太阳能电池最高转换效率为 9.3%，三带隙三叠层电池最高转换效率为 13%。

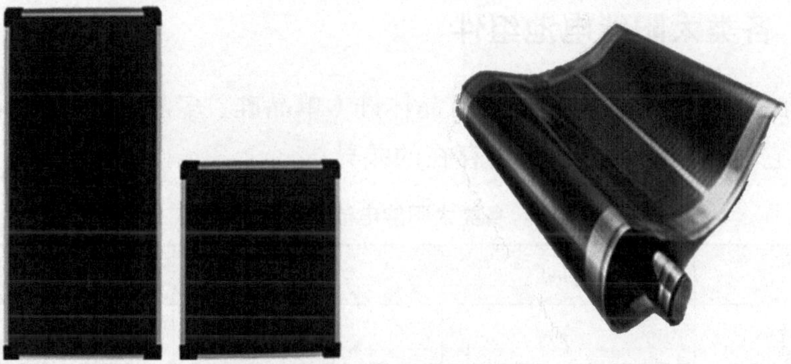

图 2.13　非晶硅薄膜电池

上述最高转换效率是在小面积（$0.25cm^2$）电池上取得的。曾有文献报道单结非晶硅太阳能电池转换效率超过 12.5%，日本中央研究院采用一系列新措施，研制的非晶硅电池的转换效率为 13.2%。国内关于非晶硅薄膜电池特别是叠层太阳能电池的研究并不多，但也以铝背电极制出面积 20 cm × 20 cm、转换效率为 8.28% 的 a-Si/a-Si 叠层太阳能电池。

非晶硅太阳能电池由于具有转换效率高、成本较低及重量轻等优点，有着极大的潜力。但由于它的稳定性不高，直接影响了它的实际应用。如果能进一步解决稳定性问题及提高转换率问题，那么，非晶硅太阳能电池无疑是太阳能电池的主要发展产品之一。

双结非晶硅太阳能电池组件的优势：由于非晶硅太阳能电池独特的光谱响应特性，使其呈现出在低光强下有更好的转换效率，更增加了电池的发电量。

因此，购买相同瓦数的三种太阳能电池，用户实际得到的电量以非晶硅太阳能电池最多，所投入的资金最少。单晶硅、多晶硅、非晶硅太阳能电池发电量比较如图 2.14 所示。

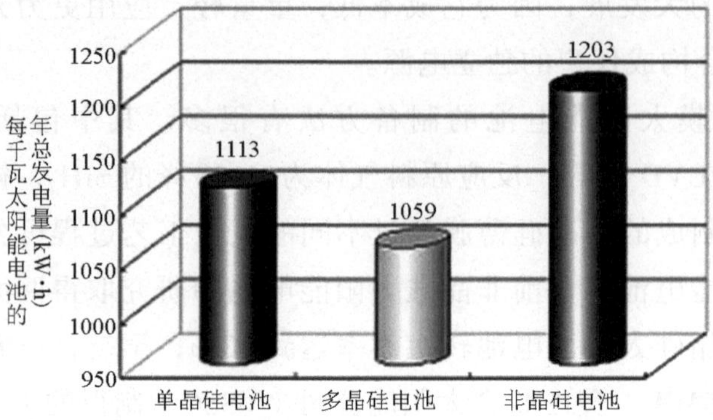

图 2.14 相同环境条件下，单晶硅、多晶硅、非晶硅太阳能电池发电量比较

2.2.4 各类太阳能电池组件

目前常见的太阳能电池组件有晶体硅（单晶硅、多晶硅）和非晶硅两类。表 2.1 是它们之间在性能等方面存在的差异。

表 2.1 各类太阳能电池组件性能比较

项 目	单晶硅	多晶硅	非晶硅
发电效率	高	中	低
单位功率面积	小	中	大
单位功率价格	高	中	低
单位功率累计发电量	小	中	大（比多晶硅高 10%）
适用性	适合于在单位面积上要求多发电的情况	适合于在单位面积上要求多发电的情况	适合于不要求面积，只追求低成本的情况
独特性	对阳光入射角度要求范围比较窄	对阳光入射角度要求范围比单晶宽	弱光响应特性好。对阳光入射角度要求范围最宽，散射光接受率高，在阴雨天气和沙尘天气仍然可以继续工作
以不同种类组件构成系统的特点	占地面积最小	占地面积小，应用最为广泛，是当前用量最大的品种	占地面积大，累计发电量最大，系统造价最低

2.3 实用型太阳能电池构成部件及其作用

太阳能电池构件(也叫太阳能电池组件)是太阳能发电系统中的核心部分，也是太阳能发电系统中最重要的部分。其作用是将太阳能转化为电能，或送往蓄电池中存储起来，或推动负载工作。太阳能电池组件的质量和成本将直接决定整个系统的质量和成本。硅太阳能电池构成如图 2.15 所示。

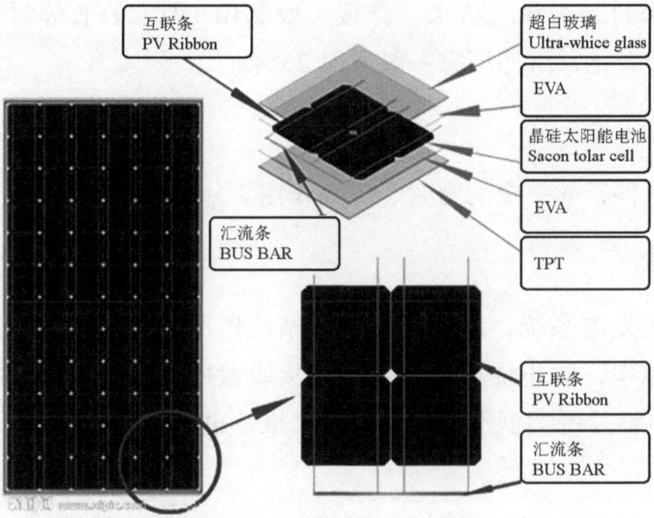

图 2.15 硅太阳能电池构成

1. 钢化玻璃

作用是保护发电主体(电池片)。对钢化玻璃的透光选用有要求，需满足:

(1)透光率必须高(一般 91% 以上)。

(2)超白钢化处理。

2. EVA

作用是粘结固定钢化玻璃和发电主体(电池片)。透明 EVA 材质的优劣直接影响到组件的寿命，暴露在空气中的EVA易老化发黄，影响组件的透光率。除了 EVA 本身的质量外，组件厂家的层压工艺对发电质量的影响也是非常大的，如 EVA 胶联度不达标，EVA 与钢化玻璃、背板粘接强度不够，都会引起 EVA 提早老化，影响组件寿命。

3. 电池片

作用是发电。市场上主流的是晶体硅太阳能电池片和薄膜太阳能电池片两种。它们各有优劣，晶体硅太阳能电池片，设备成本相对较低，光电转换效率相对高但消耗及电池片成本很高，在室外阳光下发电比较适宜；薄膜太阳能电池片，消耗和电池成本很低，弱光效应好，在普通灯光下也能发电，如计算器上的太阳能电池，但设备成本较高，光电转化效率较晶体硅电池片低。

4. 背　板

作用是密封、绝缘、防水。背板一般都用TPT、TPE等材质制作。背板的材料必须耐老化，组件厂家一般质保25年。

5. 铝合金

保护层压件，起一定的密封、支撑作用。

6. 接线盒

保护整个发电系统，起到电流中转站的作用，如果组件短路接线盒自动断开短路电池串，防止烧坏整个系统。接线盒中最关键的是二极管的选用，根据组件内电池片的类型不同，对应的二极管也不相同。

7. 硅　胶

作用是密封，用来密封组件与铝合金边框、组件与接线盒交界处。国内普遍使用硅胶，工艺简单、方便、易操作、成本低。

2.4 太阳能系统各构件功率计算

太阳能交流发电系统由太阳能电池组件、充电控制器、逆变器和蓄电池共同组成；太阳能直流发电系统则不包括逆变器。为了使太阳能发电系统能为负载提供足够的电源，就要根据用电器的功率，合理选择各部件。下面以100W输出功率，每天使用6小时为例，介绍计算方法：

（1）首先应计算出每天消耗的瓦时数(包括逆变器的损耗)：若逆变器的转换效率为90%，输出功率为100W时，则实际需要输出功率应为100W/90%=111W；若按每天使用5小时，则耗电量为111W×5小时=555W·h。

（2）计算太阳能电池组件：按每日有效日照时间为6小时计算，再考虑到充电效率和充电过程中的损耗，太阳能电池组件的输出功率应为555W·h/6h/70%≈132W。其中70%是充电过程中太阳能电池组件的实际使用效率。

1. 对太阳能构件的要求

（1）能够提供足够的机械强度，使太阳能电池组件能经受运输、安装和使用过程中发生的冲击、震动等产生的应力，能够经受住冰雹的冲击力。

（2）具有良好的密封性，能够防风、防水、隔绝大气条件下对太阳能电池片的腐蚀。

（3）具有良好的电绝缘性能。

（4）抗紫外线能力强。

（5）工作电压和输出功率按不同的要求设计，可以提供多种接线方式，满足不同的电压、电流和功率输出要求。

（6）降低太阳能电池片串、并联组合引起的损耗。

（7）太阳能电池片连接可靠。

（8）工作寿命长，要求太阳能电池组件在自然条件下能够使用20年以上。

（9）在满足上述条件下，尽量降低封装成本。

2. 技术特性及安装要求

（1）太阳能电池方阵由一个或多个太阳能电池组件构成。组件的电流和电压应基本一致，以减少串、并联组合损失。

（2）依据当地的太阳能辐射参数和负载特性，确定太阳能电池方阵的总功率，依据所设计系统电压电流要求，确定太阳能电池方阵串并联的组件数量。

（3）太阳能电池方阵支架用于支撑太阳能电池组件。太阳能电池方阵的结构设计要保证组件与支架的连接牢固可靠，并能很方便地更换太阳能电池组件。太阳能电池方阵及支架必须能够抵抗 120 km/h 的风力而不被损坏。

（4）支架倾角是可调节的，或是固定的，以使太阳能电池方阵在设计月份中（即平均日辐射量最差的月份）能够获得最大的发电量。

（5）所有方阵的紧固件必须有足够的强度，以便将太阳能电池组件可靠地固定在方阵支架上。太阳能电池方阵可以安装在屋顶上，但方阵支架必须与建筑物的主体结构相连接，而不能连接在屋顶材料上。

（6）对于地面安装的太阳能电池方阵，太阳能电池组件与地面之间的最小间距要在 0.3 m 以上。立柱的底部必须牢固地连接在基础上，以便能够承受太阳能电池方阵的重量并能承受设计风速。

（7）对于便携式小功率电源，太阳能电池板应带有支架，使之安放可靠。

3. 应用领域

（1）太阳能用户电源：

● 小型电源10～100W不等，用于边远无电地区，如高原、海岛、牧区、边防哨所等，军民生活用电，如照明、电视、收录机等。

● 3～5kW家庭屋顶并网发电系统。

● 光伏水泵，解决无电地区的深水井饮用、灌溉。

（2）交通领域：如航标灯、交通/铁路信号灯、交通警示/标志灯、路灯、高空障碍灯、高速公路/铁路无线电话亭。

2.5 建筑一体化光伏构件形式

光伏构件的形式主要是指光伏组件在建筑遮阳、雨棚、阳台和其他建筑元素中的应用，可达到一物多用，有效增加建筑物布置光伏组件的面积。

1. 光伏遮阳

建筑遮阳能有效阻止太阳直接辐射到建筑室内，特别是在窗户外布置遮阳措施，能减少室内地面、家具等吸热，减少室内温度的升高，降低建筑空调负荷。光伏遮阳利用光伏组件作为遮阳材料，可将太阳能转化成电能供建筑使用。光电板作为一种新型的建筑遮阳构件，还可以节约遮阳材料，丰富建筑外观。此外，可以将光电板的安装角度布置成与太阳辐射角度垂直，有利于光电板最大限度的接受太阳辐射，提高光电转化效率。

2. 光伏雨棚

雨棚一般位于建筑入口处，是建筑从室内到室外的延伸，能起到遮风挡雨的作用。光伏通常安装在雨棚上，特别是能被太阳所照射到的东、南、西三面的雨棚，都具备安装太阳能组件的条件。

3. 光伏阳台

阳台一般突出于建筑物围护结构之外，很少受到建筑物自身的遮挡，可以直接接收到太阳辐射，是安装光伏组件的理想地方。光伏组件材质及颜色的巧妙搭配，给建筑立面带来活泼生动的效果。

光伏构件的优点如下：

（1）将光伏组件与建筑构件相结合，极大扩展了光伏组件与建筑结合的方式，增大了建筑安装光伏的面积，并且对建筑的结构影响不大。

（2）构件的角度设计合理，保证与太阳光角度垂直，有利于电池板最大限度的接受太阳辐射，提高光电转化效率。

（3）建筑构件利用太阳能电池板可起到点缀建筑物的作用，给建筑外观增色不少。

不足之处如下：

（1）构件面积小，光伏系统发电量不能满足建筑需求。

（2）因为光伏构件处于建筑外围护，所以应做好走线处理，避免电线裸露在外。

本章小结

太阳能电池又称为“太阳能芯片”或“光电池”，是一种利用太阳光直接发电的光电半导体薄片。只要它被阳光照射，瞬间就可输出电压及在有回路的情况下产生电流，这在物理学上称为光生伏特效应。

单体太阳能电池不能直接作电源使用。作电源必须将若干单体电池串、并联连接并严密封装成组件。太阳能电池组件（也叫太阳能电池板）是太阳能发电系统中的核心部分，也是太阳能发电系统中最重要的部分。太阳能电池主要组件有单晶硅组件、多晶硅组件、砷化镓组件、非晶硅薄膜组件。将光伏组件与建筑构件相结合，扩展了光伏组件与建筑结合的方式，给建筑外观增色。

本章习题

1. 什么是太阳能电池构件？
2. 什么是单晶硅组件、多晶硅组件、砷化镓组件、非晶硅薄膜电池？
3. 什么是光伏构件形式？
4. 太阳能光伏构件是如何工作的？

第3章　光伏并网发电系统

光伏系统按是否与公共电网联接可分为：并网光伏系统和独立光伏系统。光伏发电系统有逆流型、无逆流型、切换型、交（直）流、混合型光伏并网发电系统，本章将叙述多种光伏并网逆变器的拓扑结构、孤岛效应，并介绍光伏并网发电系统分类及入网申报条件，光伏分布式发电供能系统，智能电网、微电网等。

3.1　光伏并网发电系统分类及入网申报条件

光伏发电目前主流的应用方式为通过光伏并网控制逆变器与当地电网相连接，光伏阵列所发电量便可通过电网进行电能再分配，供调峰电力。

3.1.1　光伏并网发电系统分类

光伏并网发电系统根据不同的系统结构、使用目的等可进行分类，例如光伏发电系统所产生的电能是否送回电力系统可分为有逆流（电能反送回电网）型并网系统、无逆流（电能不反送回电力系统）型并网系统，切换型并网系统，直、交流型并网系统，混合系统及地域性系统。图3.1为光伏并网发电系统的主要类型。

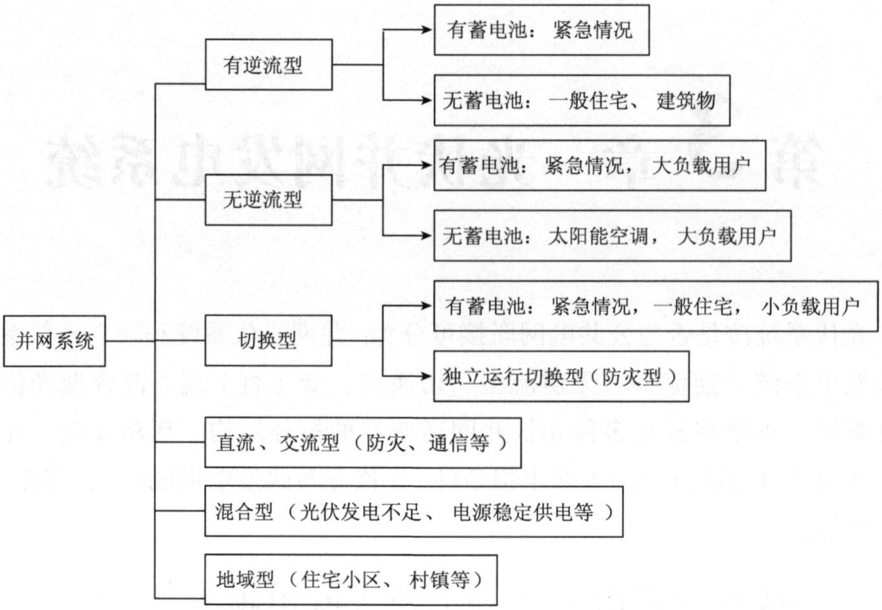

图 3.1 并网型光伏发电系统的主要类型

1. 有逆流型光伏并网发电系统

有逆流型光伏并网发电系统如图 3.2 所示。太阳能光伏阵列的电能供给负载后若有剩余电量，则流向电力系统，称该系统为有逆流型光伏并网发电系统。对于有逆流型并网光伏发电系统，电量除满足本地负载外，剩余电量并入电力系统，因此可以充分发挥太阳能光伏阵列的发电能力，并使电能得到充分应用。当太阳能光伏阵列所发电量不能满足本地负载的需要时，可从电力系统得到电能。有逆流型光伏并网发电系统可广泛应用于家庭、工厂等场合，目前一般采用这种并网发电系统。

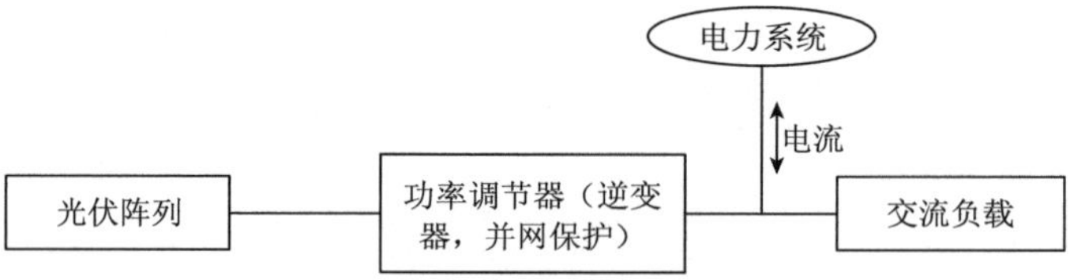

图 3.2 有逆流型光伏并网发电系统

在并网型光伏发电系统中一般省去储能蓄电池，这可节省投资，使整个系统的成本大大降低，有利于光伏发电系统的推广和普及。目前，这种不带蓄电池、有逆流型光伏并网发电系统在住宅、屋顶等光伏发电系统中正在得到越来越广泛的应用。

2. 无逆流型光伏并网发电系统

无逆流型光伏发电并网系统示意图如图3.3所示。太阳能光伏阵列的电能供给负载使用，即使有剩余电量也不流向电力系统，该系统称为无逆流型光伏发电并网系统。在该系统中，若太阳能光伏阵列的电力不能满足负载的需要时，可从电力系统获得电力来进行补充。

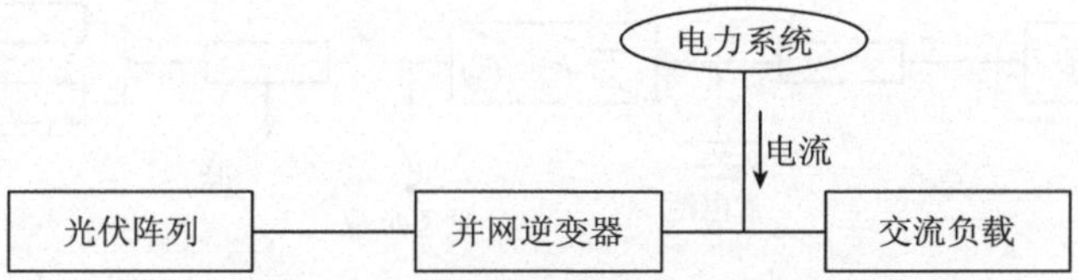

图3.3 无逆流型光伏并网发电系统

3. 切换型光伏并网发电系统

切换型光伏并网发电系统可分为一般情况下使用的系统和独立运行切换型并网发电系统，后者主要用于防灾等情况。

（1）切换型光伏并网发电系统。图3.4是切换型光伏并网发电系统示意图，该系统主要由太阳能光伏阵列、蓄电池、逆变器、切换器以及负载等构成。在正常情况下，光伏发电系统与电力系统分离，光伏发电系统直接向负载供电，当日照强度不足、夜间、阴雨天或是蓄电池电量不足时，切换器自动切向电力系统，由电力系统直接向负载供电。这种光伏发电系统的特点是可以设计较小容量的蓄电池，以便节省投资。

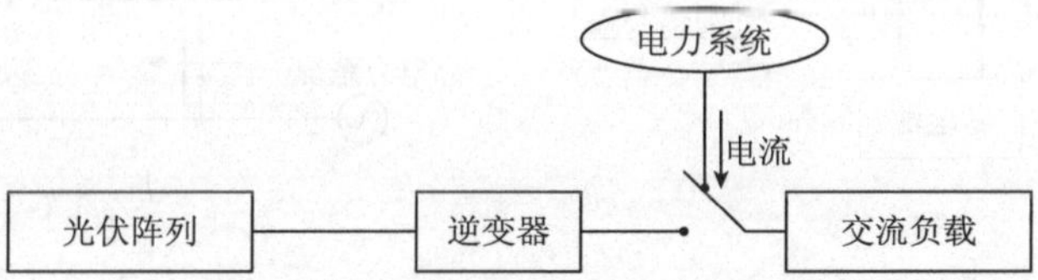

图3.4 切换型光伏并网发电系统

（2）自动运行切换型并网系统。自动运行切换型并网系统一般用于灾害、救灾等情况下。图3.5为自动切换型并网系统的结构示意图。该系统通过并网装置将光伏发电与电力系统连接，光伏发电系统所产生的电能供给负载，多余电量送到电力系统；当灾害发生时，系统并网保护装置动作，切断光伏发电系统与电力系统的连接，使之分离，带有储能（蓄电池）的自动运行切换型并网光伏发电系统能为负载提供电能，该类型并网发电系统可作为经济通信、避难所、医疗设备、加油站、道路指示以及路灯照明等的电源，向灾害情况下的紧急负载提供电能。

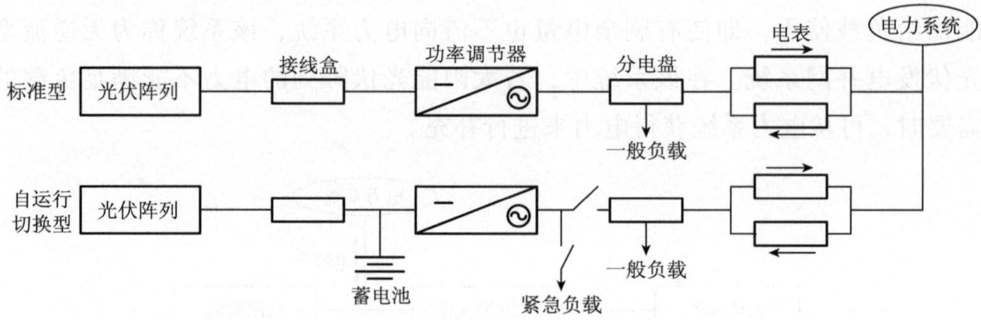

图 3.5　自动运行切换型并网系统

4. 交、直流型光伏并网发电系统

由于某些通信设备等的电源为直流电源，因此，光伏发电系统所产生的直流电能可以直接供给相关直流设备使用。同时为了提高供电的可靠性，光伏发电系统常与电力系统并用，图 3.6（a）所示是直流型光伏并网发电系统。图 3.6（b）为交流型光伏并网发电系统，该系统为交流负载提供电能。

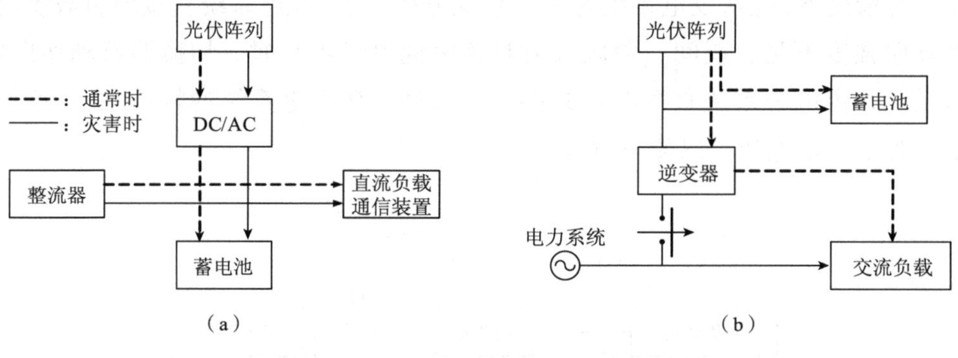

图 3.6　交、直流型光伏并网发电系统

5. 混合型光伏并网发电系统

将光伏发电系统与其他发电系统（如风力发电系统、燃料电池系统等）组合而成的新型发电系统称为混合发电系统，利用不同发电系统的特性与光伏发电系统互补，可提高光伏发电的电力输出稳定性。

（1）风光互补型并网发电系统。光伏发电、风力发电的电能不通过蓄电池储能，而是直接通过逆变器与电力系统并网，一般称这种系统为风光互补型并网发电系统。图 3.7 为风光互补型并网发电系统的示意图，在该系统中，利用风力发电与光伏发电的输出互补性，负载优先使用风力发电和光伏发电所产生的新能源电能，当供电不足时由电力系统补充供电，而当风力发电和光伏发电的能量除满足负载外还有剩余时，剩余部分则通过并网装置将该部分电能送往电力系统。

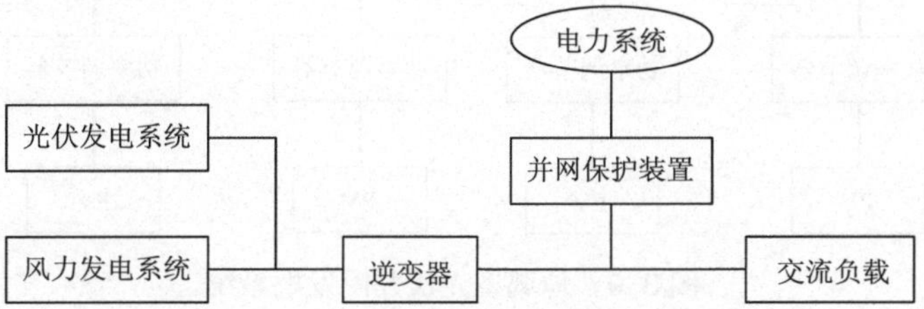

图 3.7　风光互补型并网发电系统示意图

（2）光伏、燃料电池并网发电系统。主要由太阳能光伏发电系统、燃料电池发电系统、供热系统以及负载等组成。该系统可以综合利用能源、提高能源的综合利用率，将来可作为个人住宅用户能源使用。光伏、燃料电池发电系统使用了太阳能和燃料电池发电，因此可节约电费，大大降低二氧化碳的排放，减少环境污染。图 3.8 为太阳能光伏、燃料电池并网发电系统。

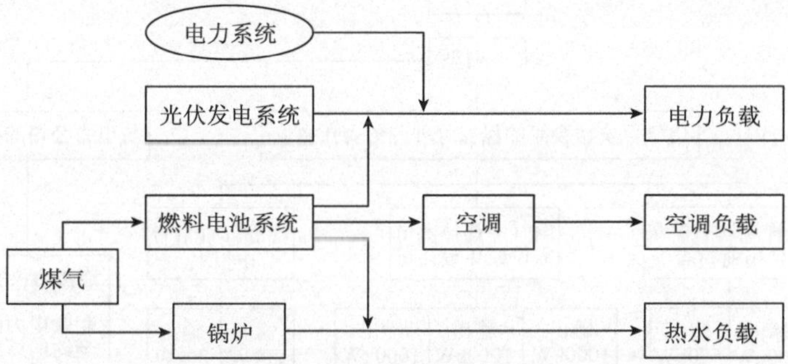

图 3.8　太阳能光伏、燃料电池并网发电系统

6. 地域型光伏并网发电系统

地域型光伏并网发电系统结构如图 3.9 所示。该系统主要由太阳能电池、功率调节器（含并网逆变功能）、负载等组成。其特点是各个光伏发电系统分别与电力系统配电网直接连接，各个子系统的电量除满足本地负载外，剩余电量直接送往电力系统，而当各负载所需电能不足时，直接从电力系统获得电能。

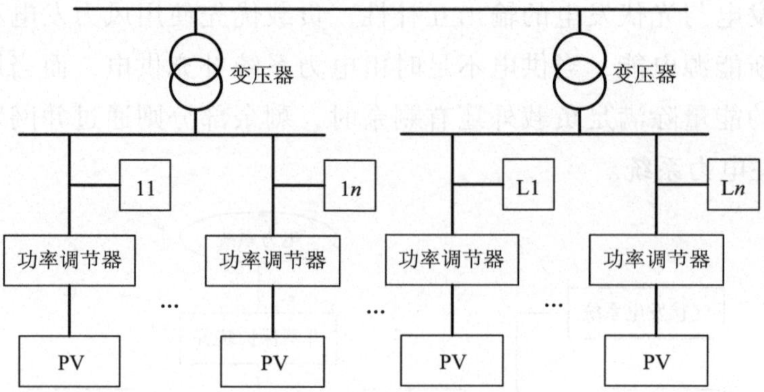

图3.9 地域型光伏并网发电系统

3.1.2 光伏发电系统入网申报流程

当光伏发电与电力系统有连接时，便存在电能输送相关问题，因此须向电力系统提出相关申请，符合相应的条件及规则时，才能进行并网连接。并网申请流程可参考图3.10的流程进行办理。

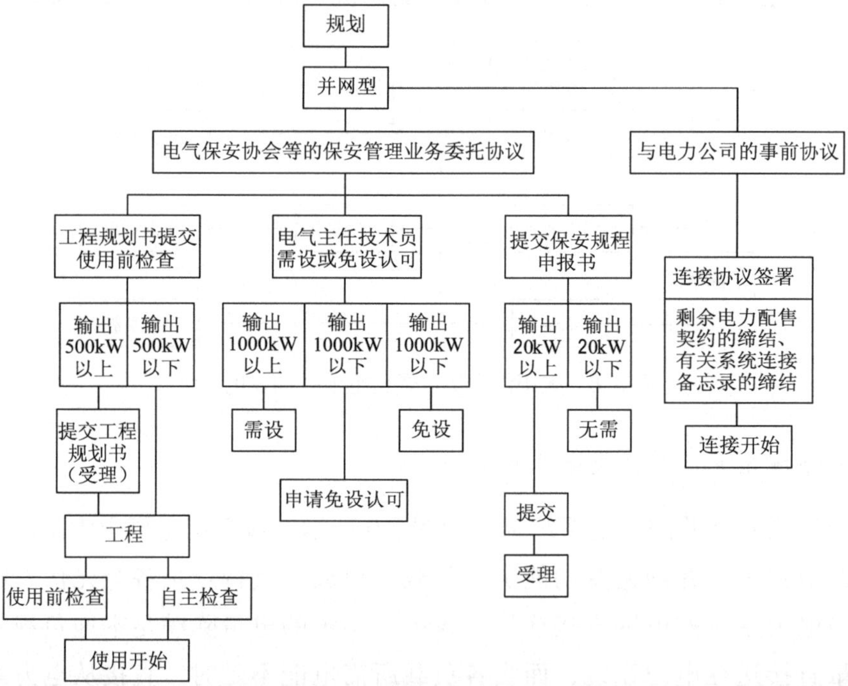

图3.10 入网手续办理流程图

3.2 光伏并网逆变器的拓扑结构

光伏并网逆变器是并网系统中的能量转化与控制的核心装置，是将太阳能光伏阵列输出的直流电转换成符合并网要求的交流电的重要设备。光伏并网逆变器的性能好坏直接影响和决定整个并网系统是否能够安全、可靠、稳定、高效地运行，同时也影响整个光伏并网系统的整体寿命。因此，光伏并网逆变器及其相关控制技术对于应用和推广太阳能光伏并网系统有着重要的作用。根据光伏并网逆变器是否含有变压器可分为隔离型光伏并网逆变器和非隔离型光伏并网逆变器。

3.2.1 隔离型光伏并网逆变器结构

在隔离型光伏并网逆变器中，根据隔离变压器的工作频率可将其分为工频型和高频型两大类。

1. 工频隔离型光伏并网逆变器结构

工频型光伏并网逆变器结构如图 3.11 所示，是最常用的结构，也是市场上目前使用最多的光伏并网逆变器，其原理是：光伏阵列所发出的直流电能量通过 DC/AC 逆变器直接转化为 50Hz 的交流电能量，再经过工频变压器将电压等级匹配接入电网，工频变压器同时还起隔离作用。由于该结构的工频变压器使得输入和输出电路隔离，因此主电路和控制电路相对简单，而且光伏阵列直流输入电压的匹配范围较大。变压器的隔离有两大作用：其一，可以有效防止人接触到光伏直流侧的正极或负极时，由于电网电流通过桥臂形成回路对人体形成伤害的可能，提高了系统的安全性；其二，隔离变压器的使用保证了系统不会向电网注入直流电量，有效防止了配电变压器的饱和。

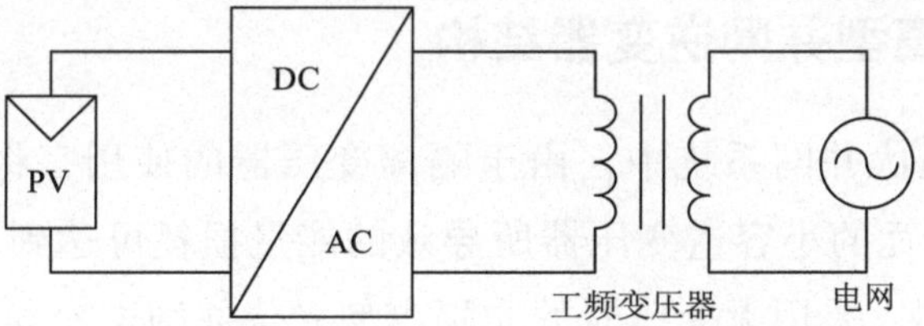

图 3.11 工频隔离型光伏并网逆变器的结构

工频隔离型光伏并网逆变器结构也有其相应的缺点，例如工频变压器体积大、质量重，大约占总重量的 50%，因此使得逆变器的外形尺寸难以减小；此外，工频变压器的引入会增加系统损耗和成本，并增加运输和安装的难度。

工频隔离型光伏并网逆变器是早期发展和应用的一种主电路形式，随着逆变控制技术的发展，为减小逆变器的体积和重量，在保留隔离型优点的基础上，高频隔离型光伏并网逆变器结构由此应运而生。

2. 高频隔离型光伏并网逆变器结构

高频隔离型光伏并网逆变器由于使用了高频变压器，从而具有较小的体积和质量，克服了工频隔离型光伏并网逆变器的主要缺点，而且随着控制理论技术和电力电子器件的不断改进，高频隔离型光伏并网逆变器的转换效率可以做到很高。

按照电路的拓扑结构来进行分类，高频隔离型光伏并网逆变器主要有两种类型：其一为DC/AC变换型逆变器，其结构示意图如图3.12所示；其二为周波变换型逆变器，其结构示意图如图3.13所示。

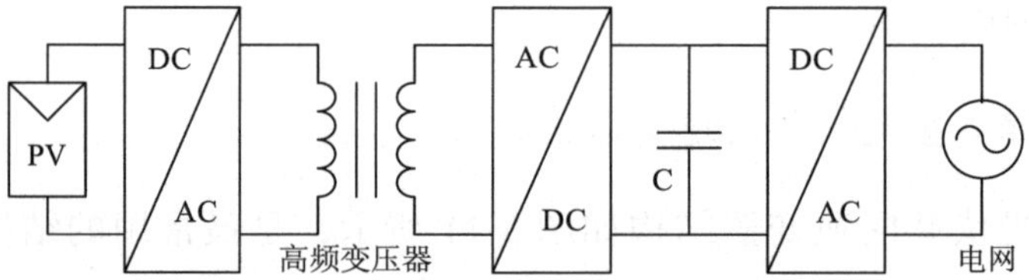

图3.12 DC/AC变换高频隔离型光伏并网逆变器结构示意图

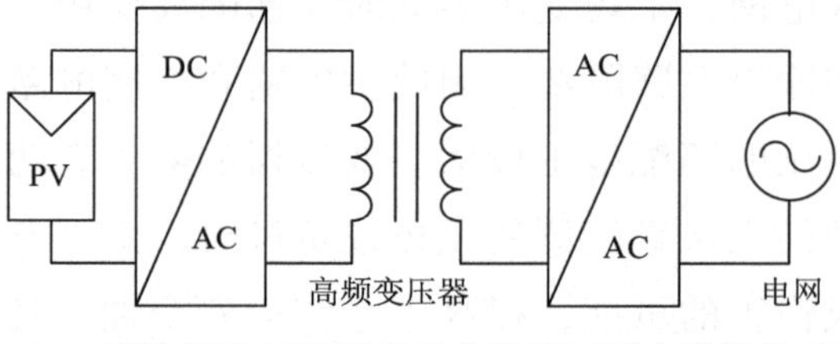

图3.13 周波变换高频隔离型光伏并网逆变器结构示意图

3.2.2 非隔离型并网逆变器结构

在隔离型光伏并网系统中，由于隔离变压器的使用，将会导致部分能量损耗，一般几千瓦的小容量变压器所导致的能量损耗可达到5%，甚至更高。因此，为提高效率，采用无变压器的非隔离型光伏并网逆变器是有效手段之一。而在非隔离型光伏并网逆变器结构中，由于省去了笨重的工频变压器或是复杂的高频变压器，结构变得简单，质量变轻，成本较低并具有相对高的效率。非隔离型光伏并网逆变器结构按照拓扑结构可以分为单级和多级两大类。

1. 单级非隔离型光伏并网逆变器

单级非隔离型光伏并网逆变器的结构示意图如图 3.14 所示，光伏阵列通过逆变器直接耦合并网，因此并网逆变器工作在工频模式。另外，为了使得逆变器的输出能够达到直接并网的电压等级，需要光伏阵列有较高的输出电压，这将使得光伏组件乃至整个系统必须具有较高的绝缘电压等级，否则会出现漏电现象。

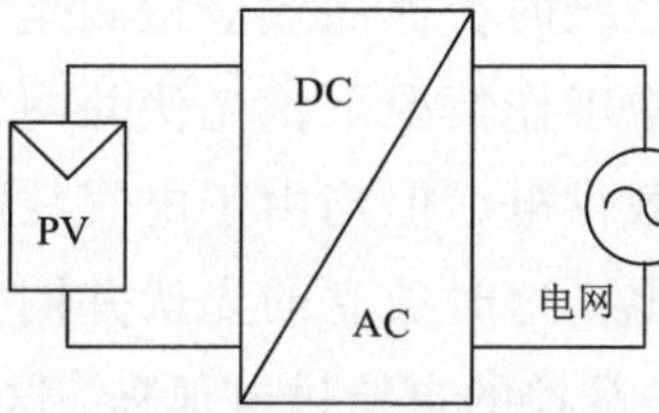

图 3.14　单级非隔离型光伏并网逆变器的结构示意图

2. 多级非隔离型光伏并网逆变器结构

多级非隔离型光伏并网逆变器的结构示意图如图 3.15 所示，功率变换器部分一般由 DC/DC 和 DC/AC 多级变换器级联组成。其中 DC/DC 变换器主要功能是提升电压等级，同时还进行光伏阵列的最大功率点跟踪控制，DC/AC 变换器主要进行逆变并网控制部分。由于该类拓扑结构中一般需要采用高频变换技术，因此又称为高频非隔离型光伏并网逆变器。

在非隔离型光伏并网系统中，光伏阵列与公共电网之间是不隔离的，这将导致光伏组件与电网电压直接相连接，而大面积的太阳能光伏组件不可避免地与地之间存在较大的分布电容，因此，会产生太阳能电池组件对地的共模电流。而且由于未采用工频隔离型变压器，此类并网逆变器容易向电网注入直流分量。

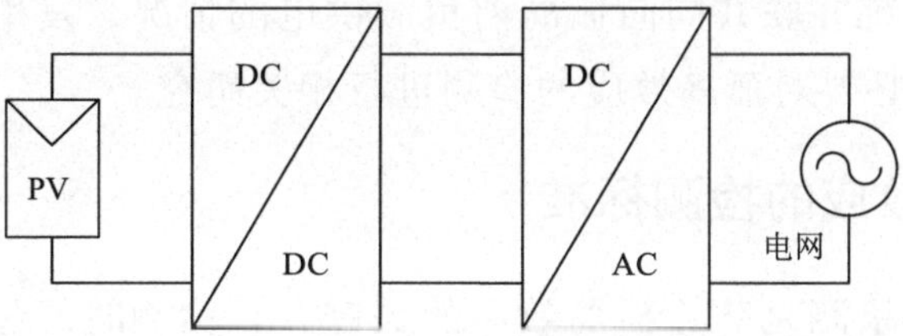

图 3.15　多级非隔离型光伏并网逆变器的结构示意图

对于非隔离型光伏并网逆变系统，只要采取适当的措施，便可保证功率变换主电路和控制电路运行的安全性；另外由于非隔离型并网逆变器未采用变压器，它具有体积小、质量轻、效率高和成本低等优点，这使得该类型的光伏并网系统将成为今后主要的光伏并网逆变器结构。

3.3 孤岛效应的概念及其检测标准

3.3.1 孤岛效应的概念

当光伏发电接入电力系统时，孤岛效应检测是并网光伏发电系统必须具备的重要功能之一。在正常工作情况下，光伏并网发电系统是并联在公用电网系统上向电网和本地负载供电，但当由于电气故障、误操作或自然因素等原因使得电网系统中断供电，这时独立的光伏并网发电系统仍然可以与本地负载形成一个电力公司无法掌控的自给供电孤岛，这种现象被称为孤岛效应。不仅光伏并网发电系统存在着孤岛效应问题，只要与公用电网并联的分布式发电系统都可能存在孤岛效应问题。孤岛效应会给用电安全、供电质量等方面带来许多不利影响：

（1）对负载或人身安全存在着危害，当孤岛效应发生时，线路维修人员和用户并不一定意识到，从而引起触电的危险。

（2）在没有大电网的支撑下，分布式供电系统的供电质量很难符合各方面的要求，例如电压波动，频率波动以及谐波含量的相关技术指标。

（3）孤岛效应的存在会影响配电系统的保护开关动作程序，并且在电网恢复时，分布式供电系统重新并网会遇到困难，并网时由于相位不同步会引起较大的冲击电流可能损坏并网逆变器。

（4）由于孤岛脱离了电力部门的监控而独立运行，这种孤岛运行方式对电力管理部门意味着是不可控和具有高隐患的操作。

随着光伏并网发电系统的日益广泛应用，在一定负载区域，很可能存在多个光伏并网系统并联共同向孤岛内负载供电的情况，发生孤岛效应的概率也更高。因此有必要对孤岛效应的检测进行相关研究。

3.3.2 孤岛效应的检测标准

对电网断电检测是防止孤岛效应的关键，且检测时间越短，防止孤岛效应的效果就越好。国内、外已制定了相关并网逆变器防孤岛效应检测标准。国际通行光伏并网发电系统并网标准 IEEE Std.929-2000/UL1741 对并网逆变器反孤岛效应检测功能做出了要求，给出了在电网断电后并网逆变器检测出孤岛现象，并断开其连接的时间限制。

我国已制定了光伏并网发电系统中相关的反孤岛效应标准，要求光伏并网发电系统除将过 / 欠压保护、过 / 欠频保护作为防孤岛效应后备保护外，还应至少配备一种主动方式的防孤岛效应保护，且应在电网断电后 0.5~1s 内将光伏发电系统与电网的连接断开。关于孤岛效应的详细描述见 4.3 节。

3.4 光伏分布式发电供能系统

近年来，分布式发电供能系统得到快速发展，由于分布式发电采用就地能源，可以实现分区分片灵活供电，通过合理的规划设计，在灾难性事件发生导致大电网瓦解的情况下，可以保证对配电网内重要负荷的供电，并有助于大电网快速恢复供电，降低大电网停电造成的社会经济损失。另外，分布式发电供能系统与大电网并网运行，有助于克服一些分布式电源的间歇性给用户负荷造成的影响，提高系统供电的电能质量。

基于光伏资源的特点，90% 的光伏工程需要并网，大规模光伏电站面临并网接入的问题（地方电力负荷小，远距离传输），远距离传送产生的电网容量等问题，可以看出分布式光伏发电应成为光伏发电系统应用的主流。

分布式光伏发电并网系统特指采用光伏组件，将太阳能直接转换为电能的分布式发电系统。它是一种新型的、具有广阔发展前景的发电和能源综合利用的方式，倡导就近发电、就近并网、就近转换、就近使用的原则，不仅能够有效提高同等规模光伏电站的发电量，同时还有效解决了电力在升压及远距离输送的损耗问题。目前应用最为广泛的分布式光伏发电系统，是建在城市建筑物屋顶的光伏发电项目。该类项目应接入公共电网，与公共电网一起为附近的用户供电。

IEEE1547 技术标准中将分布式电源定义为：通过公共连接点与区域电网并网的发电系统（公共连接点一般指电力系统与电力负荷的分界点）。并网运行的分布式发电系统在电网中的形式如图 3.16 所示。

形式 A：光伏系统直接通过变压器并入公共配电网，并为该区域内的负荷供电。

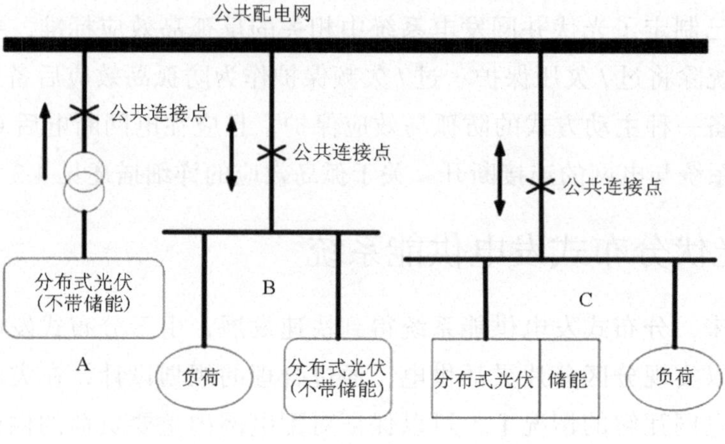

图 3.16 分布式发电系统在电网中的形式

形式 B：光伏系统在用户侧并网，不带储能系统，不能脱网运行，国内绝大部分的建筑光伏系统属于此种类型。

形式 C：光伏系统在低压用户侧并网，带储能系统，可以脱网运行，这种形式就是"联网微电网"，该类型目前国内应用很少。

分布式光伏发电系统结构如图 3.17 所示。

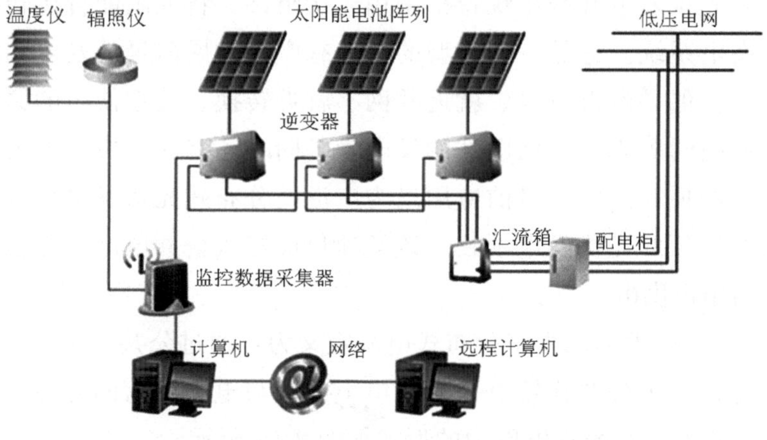

图 3.17 分布式光伏发电系统结构示意图

分布式光伏项目并网流程：分布式光伏项目业主准备好相关资料后，向电网公司地市或县级客户服务中心提出接入申请，客户服务中心协助项目业主填写接入申请表；接入申请受理后在电网公司承诺时限内，客户中心将通知项目业主确认接入系统方案。

3.5 微电网

微型电网是指由分布式电源、储能装置、能量变换装置、相关负荷和监控、保护装置汇集而成的小型发配电系统，是一个能够实现自我控制、保护和管理的自治系统，既可以与大电网并网运行，也可以孤立运行。

微型电网由多种能源、储能装置、固定负荷和可调节负荷构成。一般条件下独立运行，也可以与大电网交换电量，对于大电网是可控单元。由于是多能互补，能量的连续性大大提高，对于储能装置的要求则大大降低，很容易实现。微网分为联网型微网和独立型微网。

联网型微网具有并网和独立两种运行模式。在并网工作模式下，一般与中、低压配电网并网运行，互为支撑，实现能量的双向交换。在外部电网出现故障情况下，可转为独立运行模式，提高了供电可靠性。通过采用先进的控制策略和控制手段，可保证微网高电能质量供电，也可以实现两种运行模式的无缝切换。

独立型微网不和常规电网相连接，利用自身的分布式电源满足微网内负荷的需求。当网内存在可再生能源分布式电源时，需要配置储能系统以抑制这类电源的功率波动。这类微网更加适合在海岛、边远地区等地为用户供电。

微电网是一种由负荷和分布式微型电源共同组成的系统，可同时供电和供热，具有单一、可控、“即插即用”的特点。光伏微电网是将光伏发电单元、储能设备和用户群体构成一个有机整体，通过公共连接点与外界大电网相连接，实现对本区域内的发电、储电及用电设备的互动管理。根据接入电网的不同，光伏微电网又分为光伏电站微电网和用户侧光伏微电网两类。前者一般容量较大且直接并入10kV及以上的输电网；后者一般分布在大型住宅小区或大型工矿企业，与380V用户侧配电网直接相连。用户侧光伏微电网以充分利用太阳能发电为目标，由微型电力网络和内部通信网络两部分组成，融合先进的信息技术、控制技术、电力电子技术和电力系统技术，实现对发电、储电、用电的互动管理。其中，微型电力网络由光伏电源、旋转后备电源、分布式或集中式储能装置、本地负载以及电能质量调节装置等集合而成，通过公共连接点（PCC）与大电网连接；通信网络负责微电网控制中心（CCU）与各个终端设备本地控制器（FU）之间的信息交互，构成N+1型的双层网络控制系统。

光伏并网发电系统由光伏阵列、汇流箱、交直流配电柜、并网逆变器、主控和监测系统等部分组成，具有地面光伏电站、屋顶光伏电站、光伏建筑一体化和光伏顶棚等多种形式。其中，光伏并网逆变器作为一种电力电子类型的并网接口，负责将光伏阵列所产生的直流电转化为与公共电网同频、同相的交流电，具备最大功率跟踪、反孤岛保护、继电保护等基本功能。目前，光伏并网逆变器的单机容量可从几千瓦到兆瓦级以上，相关产品在投放市场之前必须经过金太阳、TUV、UL等权威机构的检验和认证。微电网与大电网连接如图3.18所示。

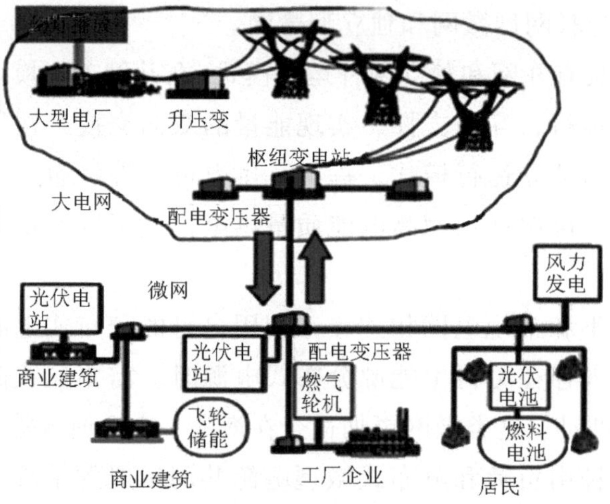

图3.18 微电网与市电网连接示意图

3.6 智能电网

智能电网就是电网的智能化（智能电力），也被称为“电网2.0”，它是建立在集成的、高速双向通信网络的基础上，通过先进的传感和测量技术、先进的设备技术、先进的控制方法以及先进的决策支持系统技术的应用，实现电网的可靠、安全、经济、高效、环境友好和使用安全的目标，其主要特征包括自愈、激励和包括用户、抵御攻击、提供满足21世纪用户需求的电能质量、容许各种不同发电形式的接入、启动电力市场以及资产的优化高效运行。

美国为促进太阳能发电的快速发展，提出了“太阳能屋顶计划”。在未来十年里，全美新建1000万个屋顶太阳能系统，以及20万个太阳能热水供暖系统。智能电网的建设使得太阳能的利用率大大提高，使可再生能源的使用占到全球能源需求的30%以上。随着“太阳能屋顶计划”在全美逐步实施，可以节省大量的能源，同时在高峰期屋顶上太阳能产生的电通过智能电网可以卖给电网。

我国对智能电网的探究也一直在进行。目前，国内电网不能满足光伏发电产业的发展需求，所以我国将建设以“特高压为核心”的“坚强智能电网”（图 3.19），以解决光伏发电并网问题，促进新能源的利用。我国的智能电网是以特高压电网为骨干网架、各级电网协调发展的坚强电网为基础，利用先进的通信、信息和控制技术。构建以信息化、自动化、数字化、互动化为特征的统一坚强智能化电网。

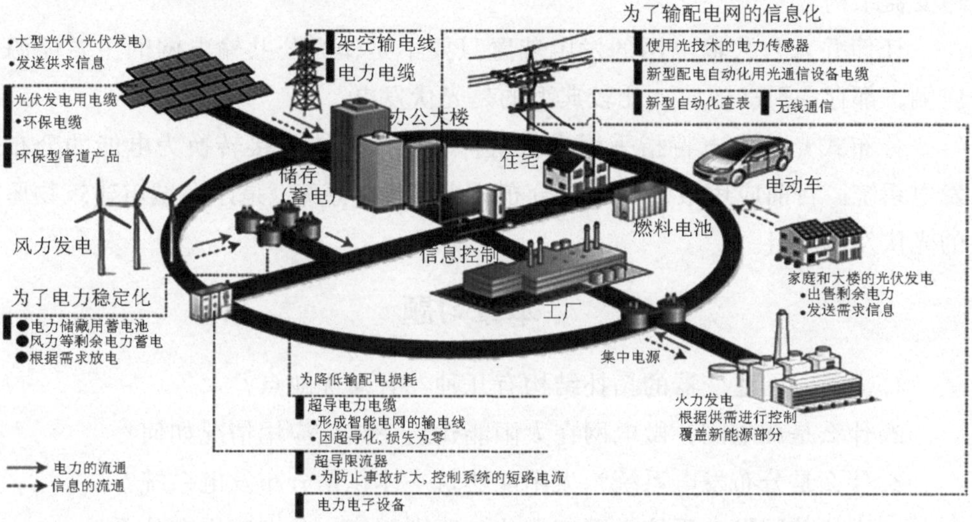

图 3.19 智能电网工作示意图

2009 年我国首个地面并网型光伏电站——徐州协鑫 20MW 光伏电站正式投运。该电站采用多种跟踪方式安装光伏组件，并配有完善的计算机监控设施。同年我国最大的屋顶光伏电站在阜宁经济开发区正式投产，总装机容量 9.18MW，年平均上网电量 337 万 kW · h。它采用平板式晶体硅光伏组件作为光电转换设备，通过大型入网式逆变器将电流转换为符合电网条件的交流电，经升压并入高压电网。此外格尔木 200MWp 大型光伏电站一期工程于 2010 年并入电网，装机容量为 20MWp。以上举措优化电源结构，促进节能减排，同时也促进智能电网不断建设，为光伏电站顺利并网提供保障。

综上，各国对智能电网和太阳能等新能源发电都投入了大量资金进行研究，这是由于新能源发电依托着智能电网的发展而发展。智能电网其高速、可靠、经济、安全的电能输送通道为光伏发电的电能输送提供了较好的保障，其发展与应用是相辅相成互相促进的。

本章小结

光伏并网发电系统包括有逆流型光伏并网发电系统，无逆流型光伏并网发电系统，切换型光伏发电并网系统，交、直流并网型光伏发电系统，混合型并网光伏发电系统。

光伏并网逆变器的拓扑结构主要包括工频隔离型光伏并网逆变器结构、高频隔离型光伏并网逆变器结构等隔离型光伏并网逆变器结构，以及单级非隔离型光伏并网逆变器、多级非隔离型光伏并网逆变器结构等非隔离型并网逆变器结构。

任何并入公共输电网的发电装置只要不是作为公共输电网的主要能源供应侧，都存在孤岛效应，比较典型的是光伏发电。

分布式光伏发电特指采用光伏组件，将太阳能直接转换为电能的分布式发电系统。目前应用最为广泛的分布式光伏发电系统，是建在城市建筑物屋顶的光伏发电项目。

本章习题

1. 光伏并网逆变器的拓扑结构有几种？有何优缺点？

2. 什么是微电网？微电网在太阳能建筑一体化应用情况如何？

3. 什么是分布发电系统？太阳能建筑一体化是分布发电系统？

4. 光伏并网发电系统类型有哪些？区别如何？分别应用在什么地方？

5. 什么是智能电网？智能电网与一般电网的区别有哪些？智能电网在光伏发电的作用如何？

第 4 章 光伏并网逆变器及最大功率点跟踪和孤岛效应

光伏并网发电技术是解决能源短缺的一个重要途径，由于太阳能电池发出的是直流电，而一般的负载是交流负载，所以逆变器是不可缺少的。本章将详细地介绍光伏并网逆变器、最大功率跟踪、反孤岛效应及保护算法、孤岛效应检测原理等。

4.1 光伏并网逆变器

4.1.1 光伏并网逆变器的主要技术问题

无论是独立型还是并网型光伏发电系统，除了必需的部件（光伏电池、蓄电池等），系统的性能优劣主要取决于光伏逆变器。光伏逆变器是光伏发电系统的关键部件之一，它不仅具有逆变功能，还集成了系统的控制和管理，涉及的主要技术问题包括：最大功率点跟踪（maximum power point tracking, MPPT）技术、蓄电池的充放电控制技术、并网控制技术和逆变技术。

（1）最大功率点跟踪（MPPT）技术：在某一特定的光照强度和环境温度下，光伏电池的输出电压和输出功率会随负载大小的不同而在很大的范围内变化，但只在某一特定工作点其输出功率达到最大值，这一点称为最大功率点（MPP）。为实现最大功率输出，要根据光照强度和环境温度不断调整光伏电池的工作点电压，使其始终工作在最大功率点附近，就称为最大功率跟踪（MPPT）。MPPT 是光伏发电系统中的一项关键技术，目前涉及的控制方法有：恒定电压法、扰动观察法、电导增量法、迭代比较法等。

（2）并网控制技术：相对于独立型光伏发电系统，并网型光伏发电系统要将电能馈入电网，因此它不仅用到 MPPT 技术还用到并网控制技术，并网控制技术涉及锁相环技术、逆变器并联控制技术、孤岛检测技术、低电压穿越技术。

（3）逆变技术：逆变技术的研究包括拓扑和调制算法两个方面，拓扑包括：半桥、全桥、多重逆变、多电平逆变以及抑制共模漏电流的HERIC拓扑、H5拓扑等；调制算法包括：单极性、双极性、SVPWM、滞环等。

4.1.2 并网逆变器的分类

1. 按光伏并网逆变器的结构分类

当前并网逆变器主要分为两大类：电流型和电压型。电流型的特征就是直流侧采用电感进行直流储能，从而使直流侧呈现高阻抗的电流源特性；电压型的特征是直流侧采用电容进行直流储能，从而使直流侧呈低阻抗的电压源特性。两种电路结构如图 4.1 所示。

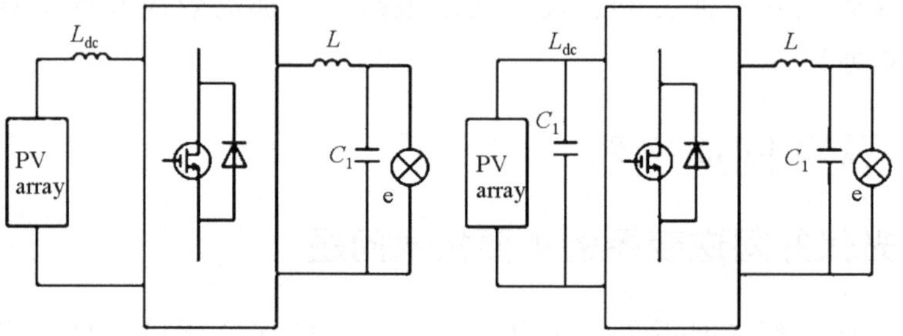

图 4.1　电流、电压型逆变器结构图

电网可视为容量无穷大的交流电压源，并网逆变器的输出可以控制为电压源或者电流源。若控制并网系统的输出为一个交流电压源，则太阳能并网系统和电网实际上就是两个交流电压源的并联。要保证系统的稳定运行，则必须同时严格控制并网系统输出电压的幅值和相位。由于输出电压幅值不易精确控制，并且锁相回路的响应速度较慢等原因，这种并网系统和电网之间可能会出现环流，系统不能稳定运行，甚至会发生故障。因此，光伏并网系统常常被设计成电压型的电流源系统，这样并网系统和电网实际上就是一个交流电流源和电压源的并联。逆变器的输出电压幅值自动被钳位为电网电压，通过采用控制技术实现并网电流与电网电压的相位同步，保证系统输出的功率因数为 1。实际系统中，还可以通过调整并网系统输出电流的大小及相位来控制系统的有功输出与无功输出。

2. 按光伏并网逆变器的主拓扑分类

针对并网逆变技术的现状和发展趋势，根据输入输出隔离变压器的类型可以分为低频环节并网逆变、高频环节并网逆变以及非隔离型并网逆变。

（1）低频环节并网逆变器。低频环节并网逆变器结构如图 4.2 所示，该电路结构由工频或者高频逆变器、工频变压器以及输入、输出滤波器构成。

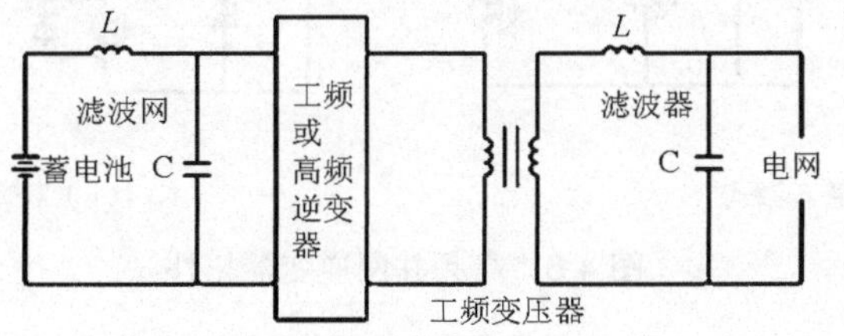

图 4.2　低频环节并网逆变器电路结构

低频环节并网逆变器可以由方波、阶梯波合成，脉冲调制等逆变器来实现。其中拓扑电路包括半桥式、全桥式等电路，如图 4.3 所示。

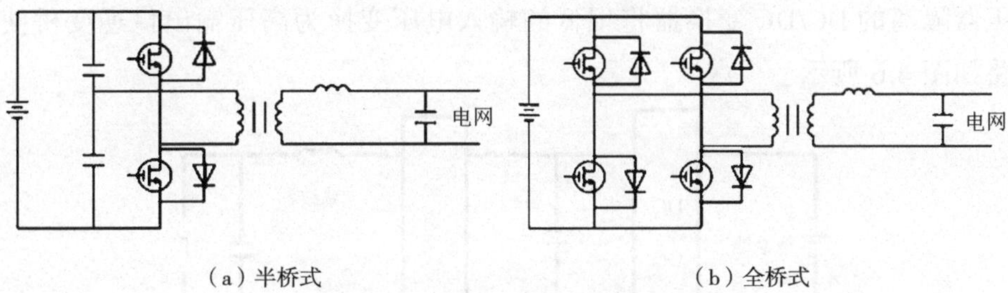

图 4.3　低频并网逆变器拓扑结构

这类低频环节并网逆变器具有电路结构简洁、双向功率流、单级功率变换、高效率、变压器体积和重量大、音频噪声大等特点。

（2）高频环节并网逆变器。高频环节并网逆变器电路结构如图 4.4 所示，电路结构由高频逆变器、高频变压器、整流器、极性反转逆变桥，以及输入、输出滤波器构成。

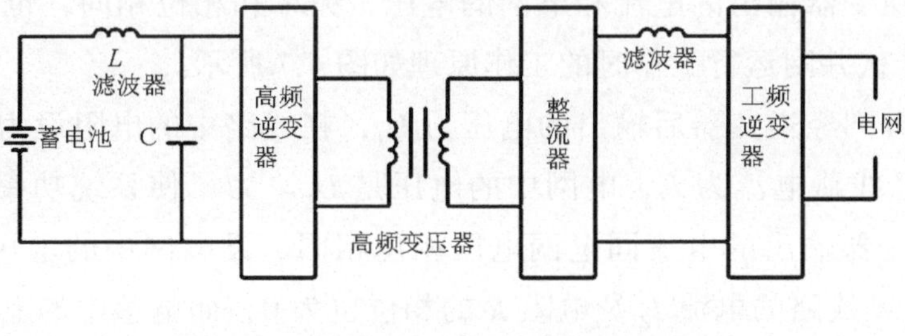

图 4.4　高频环节并网逆变器电路结构

高频并网逆变器拓扑包括单管正激式、双管正激式等电路，如图 4.5 所示。

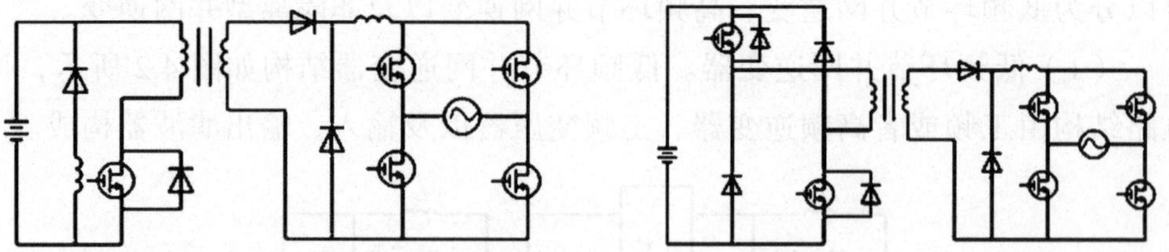

（a）单管正激式　　（b）双管正激式

图 4.5 高频并网逆变器拓扑

这类电路具有高频电气隔离、结构简洁、单相功率流、三级功率变换、直流变换级工作在 SPWM、工频逆变桥功率开关电压应力低且为 ZVZCS 等特点。

（3）非隔离型并网逆变器。对于非隔离型并网逆变器通常是需要通过无变压器隔离的 DC/DC 变换器将很低的输入电压变换为高压输出供逆变桥使用，电路如图 4.6 所示。

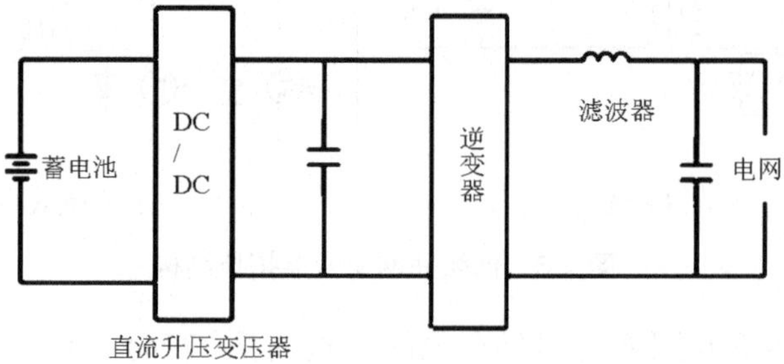

图 4.6 非隔离型并网逆变器结构

4.1.3 并网逆变器的工作原理

光伏阵列产生的直流电通过逆变器逆变为正弦的交流电，并到电网中去。控制要求逆变器输出的电流和电网的电压，频率和相位相同，也就是功率因数为 1。光伏并网运行工作时的工作原理如图 4.7 所示。

光伏阵列经逆变器后输出的电压为 U_P，在线路中的电阻设为 R，电感设为 L，流经线路电流为 I_Z，电网中的电压是 U_U。为了使系统功率因数为 1，必须使逆变器输出的电流同电网电压相位相同。设电网中的电压 U_U 相位为 0，那么流经线路的电流 I_Z 及电阻 R 的相位也为 0，而电感中的电压超前电流 90°，其电路矢量图如图 4.8 所示。

由此矢量图可知，逆变器输出的电压 U_P 为：

$$\dot{U}_{P}=\dot{U}_{R}+\dot{U}_{L}+\dot{U}_{U}$$

输出电压的幅值与相位为：

$$\dot{U}_{P}=\sqrt{(U_{U}+U_{R})^{2}+U_{L}^{2}}\text{，}\tan\varphi=U_{L}/(U_{U}+U_{R})$$

电感中的电压 $U_L=I_L\cdot\omega_L$，相位超前 $U_{U90°}$，ω 为电网中的角频率。当输出功率 P_0 增大时，由于 $P_0=I_Z\cdot U_U$，所以对应 I_Z 要变大。那么由上式可知逆变器输出电压的 U_P 幅值以及其与电网电压 U_U 间的相位角 φ 都会变大，以使功率因数为 1。

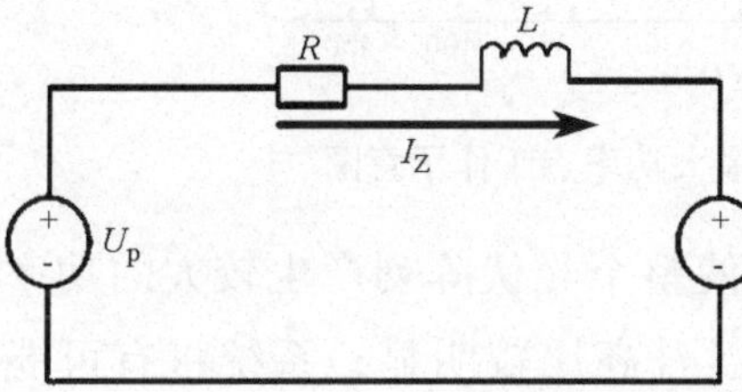

图 4.7　并网逆变器原理图

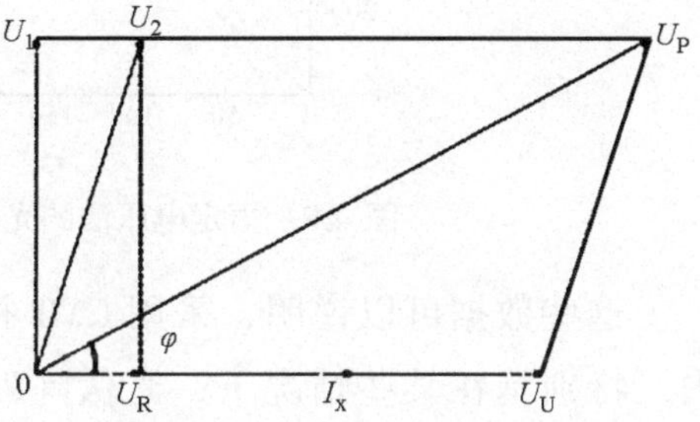

图 4.8　并网逆变器矢量图

4.2　最大功率点跟踪(MPPT)

众所周知，光伏电池输出特性具有非线性特征，且受到光照强度、环境温度、环境湿度、地域和负载等因素的影响。在一定的光照强度和环境温度下，光伏电池可以输出不同的工作电压，但是在某个电压值时，其输出功率才能达到最大值，只是光伏电池工作在该条件下功率电压曲线的最高点，被称之为最大功率点(MPP)。因此，在光伏发电系统中，不断地根据外界不同的环境因素等特性来调整光伏电池的输出工作点，使之始终工作在最大功率点处，就称作最大功率跟踪(MPPT)技术，提高整个光伏发电系统的利用率。

4.2.1　MPPT 技术的发展

早期对光伏电池输出功率控制主要利用恒定电压法(简称 CVT)。但是由于在一些常年温差比较大的地方，整个光伏阵列的输出将受温度影响较大，CVT 控制会使光伏电池偏离最大功率点，只能通过降低系统的效率来保证系统的稳定性。先举例说明，如图 4.9 所示，当光照强度为 1000W/m^2 时，光伏电池组件在 25℃下的最大功率点为 345.6/10.5kW；当温度变为 55℃时，最大功率点为 317V/0.95kW。若根据 25℃时的最大功率点采用 CVT 控制，则

55℃时的功率为 0.89 kW，仅为此时最大功率的 93.7%。

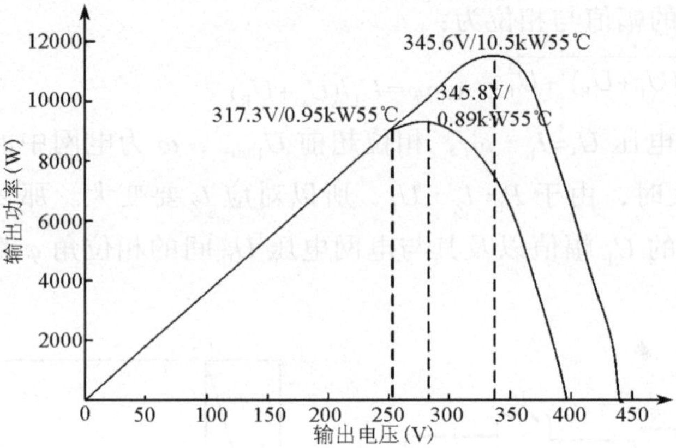

图 4.9 恒定电压法的光伏电池最大功率点工作示意图

这些数据可以说明，采用 CVT 控制会使整个光伏阵列产生较大的功率损失，特别是在某些情况下，光伏阵列的结温升高比较明显，系统将有可能产生较大的振荡。从严格意义上说，CVT 控制法与 MPPT 控制近似，没有在真正意义上实现最大功率跟踪与控制，误差相对较大，尤其是受到外界环境和自身工作状态影响导致光伏阵列温度的变化的影响，导致控制效果不好。但是当采用 MPPT 控制策略时，系统获得比 CVT 控制策略更大的功率，所以采取 MPPT 技术是很有必要的。

随着科学技术的不断进步，已经研究出许多 MPPT 控制算法，根据实际情况和各种方法的优缺点，不断对 MPPT 方法进行改进。

除了比例法、查表法等，经典的 MPPT 方法主要有干扰观测法、电导增量法、模糊逻辑控制法、神经元网络控制法、最优梯度法等方法，以及在这些方法的基础上改进的相关方法，如改进的干扰观测法、变步长的电导增量法等。

目前，对 MPPT 技术的评估，我国没有给出明确的统一标准，不管使用何种控制算法，都有其各自的优缺点。现今出现了许多新的算法和控制方法，因此 MPPT 技术仍具有很大的研究价值和发展空间。

4.2.2 MPPT 技术存在的问题和解决方法

据统计，在 IEEE 中研究 MPPT 的有影响力的论文已超过 300 篇，很多是假设光伏特性只有一个峰值，以此为依据的论文研究在阴影阻挡及光伏组件之间不匹配等情况导致的多峰值条件下是不适用的。目前在国际上研究 MPPT

的重点可以归纳为四个方面：

（1）如何能以最少步骤达到全局最大点，即高响应度。

（2）如何达到与系统参数的完全独立性，即高通用性。

（3）如何能在快速大气或参数改变的时候下追踪正确的方向，即高准确率。

（4）如何使得 MPPT 的硬件复杂程度较低，即高性价比。

4.2.3 MPPT 算法的基本原理

最大功率点的跟踪控制本质上是一个自寻优过程，即通过测量电流、电压和功率，判定出当前的工作点和峰值点之间的位置关系，并且通过调节工作点电压(或电流)，使其工作在峰值功率点附近，从而真正让整个光伏发电系统工作在最大功率点附近，运行在当前工况下的最佳状态。

为了更直观地说明，现将以温度不变，不同光照情况下详细介绍其基本原理。图 4.10 绘制了光伏阵列的输出特性曲线。假定图中曲线 1 和曲线 2 为两不同光照强度下光伏阵列的输出特性曲线，A 点和 B 点分别为相应的最大功率输出点；并假定某一时刻，系统运行在 A 点。当光照强度发生变化，即光伏阵列的输出特性由曲线 1 上升为曲线 2 时，如果保持负载 1 不变，系统将运行在 A' 点，这样就偏离了相应光照强度下的最大功率点。为了继续追踪最大功率点，应当将系统的负载特性由负载 1 变化至负载 2，以保证系统运行在新的最大功率点 B。同样，如果光照强度变化使得光伏阵列的输出特性由曲线 2 减至曲线 1，则相应的工作点由 B 点变化到 B' 点，应当相应的调整负载 2 至负载 1 以保证系统在光照强度减小的情况下仍然运行在最大功率点 A。

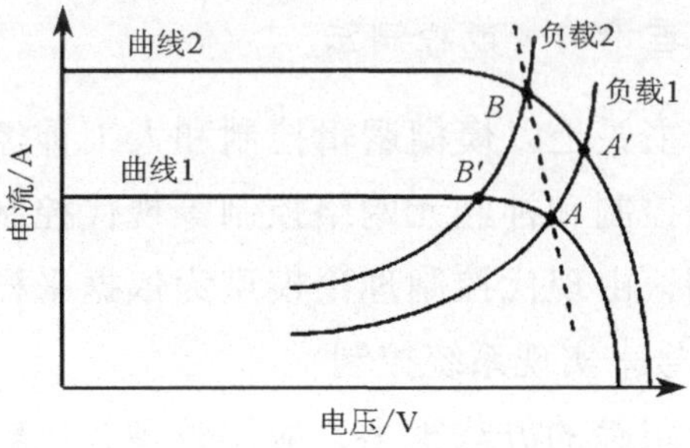

图 4.10　MPPT 基本原理示意图

从理论上讲，只要将光伏电池与负载完全匹配、直接耦合（如被充电的蓄电池类负载），光伏电池就能处于高效状态，负载的伏安特性曲线与最大功率点轨迹曲线即可重合或渐近重合，即光伏电池实现了最大功率点跟踪。但在日常生活很难满足负载与光伏电池的直接耦合条件。这时就往往需要增加一个最大功率跟踪器，来实现负载与光伏电池间达到最佳的匹配。

4.2.4 MPPT 控制算法的分类介绍

实现最大功率点跟踪的方法很多，可以根据控制算法分类，也可根据实现环节的参数控制来分类。假如根据MPPT算法本身的特征和具体实现的机理，可将其分为三大类：

1. 基于参数选择方式的间接控制法

这类 MPPT 方法主要有恒定电压法、开路电压比例系数法、短路电流比例系数法、曲线拟合法和查表法等，这些方法主要是根据预存的数据库和具体光伏电池参数，通过相关的数学函数和经验公式，从而计算得到相近的 MPPT 跟踪点。但是它们都需要通过实际的硬件参数和经验数据确定相应的初始值来作为控制器基础。

2. 基于采样数据的直接控制法

这类 MPPT 控制方法主要包括定步长的扰动观测法、电导增量法、实际测量法、寄生电容法等。这些方法的主要特点是根据电压和电流的检测值，经过 MPPT 算法后直接实现控制。由于对电压和电流进行了实时采样，得出相关的采样信号值经过算法处理之后，精确度相对较高，能够根据系统的实际情况进行 MPPT 控制，并且能够应用于一般的场合，在实际中得到广泛的应用。

3. 基于现代控制理论的智能控制法

这类 MPPT 方法主要是以模糊逻辑控制和人工神经网络控制法为代表，主要特征是引入模糊控制和神经元网络控制等现代控制理论，可以不依赖于复杂的系统数学模型，由现代控制理论模型为依据采样数据，再通过较为复杂的运算得出控制信号来实现系统控制。

实现最大功率点跟踪的方法很多，应用较多、比较典型的主要有：基于参数选择方式的恒定电压法，基于电压电流检测的干扰观测法、电导增量法，最近这几年对模糊逻辑控制法的运用也逐渐增多。

4.2.5 常用的MPPT控制算法

1. 恒定电压法(CVT)

恒定电压法是指不管外界环境发生变化与否，保持光伏电池始终工作在 *L* 处，在不考虑温度变化的情况下，光伏电池输出特性如图 4.11 所示，不同光照强度下光伏电池最大功率点 a'、b'、c'、e'。近似恒定电压 V_m 附近，通常取 $V_m=\alpha V_{oc}$, $\alpha\in(0.750.85)$, 假若负载特性曲线与不同光照下光伏电池输出特性直接匹配，系统将工作在 *a*、*b*、*c*、*d*、*e* 处，显然它们与坐标轴围成的面积小于最大功率点与坐标轴围成的面积，也就是造成了一定功率损失，采用恒定电压法，通过阻抗变换使光伏电池的工作点始终在 V_m 附近，能够保证输出功率接近最大功率，显然负载曲线与直线 $V=V_m$ 之间的面积就是恒定电压法提高的功率。

恒定电压法的控制流程如图 4.12 所示。从图 4.12 中可以看出，在系统进行最大功率点跟踪时，只需要对光伏阵列电池的输出电压 (U_{pv}) 进行采样，然后将其与参考电压值 U_{pv1} 进行比较。假如输出的电压与参考电压值不相等，可以通过控制系统来调整光伏电池负载特性，从而保证输出端口电压等于参考电压。

恒定电压法(CVT)的优点：不仅可以简化整个控制系统，还可以保证它的输出功率接近最大功率输出点。在一定的条件下，恒定电压(CVT)控制策略不但可以得到比直接匹配更高的功率输出，还可以用来简化和近似最大功率点跟踪(MPPT)控制。在实际工程实现中，可以进一步简化过程。

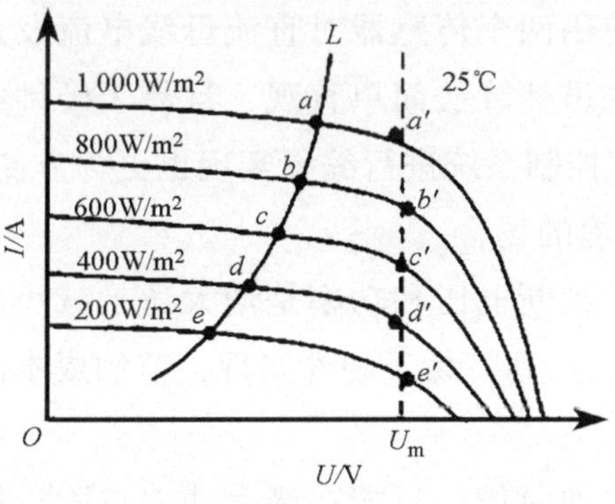

图 4.11 光伏电池伏安特性曲线

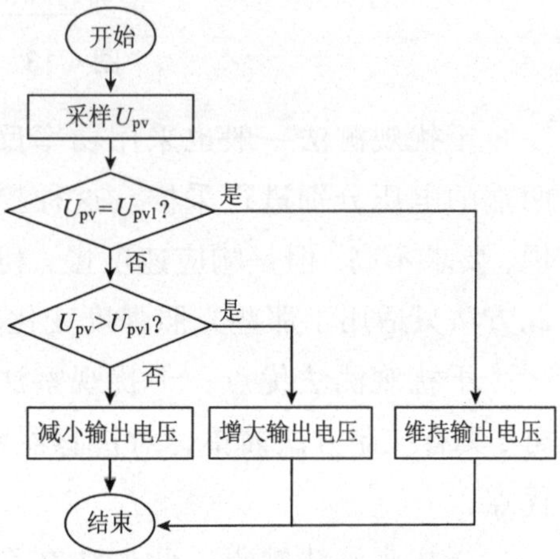

图 4.12 恒定电压法控制流程图

恒定电压法 (CVT) 的缺点：一般硅型光伏阵列的开路电压都会受到结温度的影响。在同样的光照强度下，最大功率点还会受到温度的影响。在光伏阵列的功率输出随着温度变化的情况下，如果仍然采用恒定电压跟踪控制策略，阵列的输出功率将会偏离最大功率输出点，产生比较大的功率损失。特别是在有些情况下，光伏阵列的结温升高比较明显，导致阵列的伏安曲线与系统预先设定的工作电压可能不存在交点，那么系统将会产生振荡。

采用 CVT 代替 MPPT 控制，由于其良好的可靠性和稳定性，目前在光伏系统中仍被较多使用。随着光伏发电系统中数字信号处理技术的应用，CVT 方法逐渐被新方法取代。

2. 干扰观测法

干扰观测法是目前 MPPT 方法中应用较为广泛的一种方法。其工作原理：首先让光伏电池工作在某一参考电压下，检测其输出功率，然后在这个工作电压基础之上，加一个正向电压扰动量，并再次检测此时的光伏电池输出功率。假如测得输出功率增加，则表明光伏电池最大功率点在当前工作点的右边，可以继续增加正向扰动量。如若所测得的输出功率降低，则最大功率点在当前工作点的左边，应该反向增加扰动量，使得工作点向左偏移。如此往复循环，直到输出功率点稳定在一个很小的范围之内，则认为已经达到最大功率跟踪点。干扰观测法示意图如图 4.13 所示。

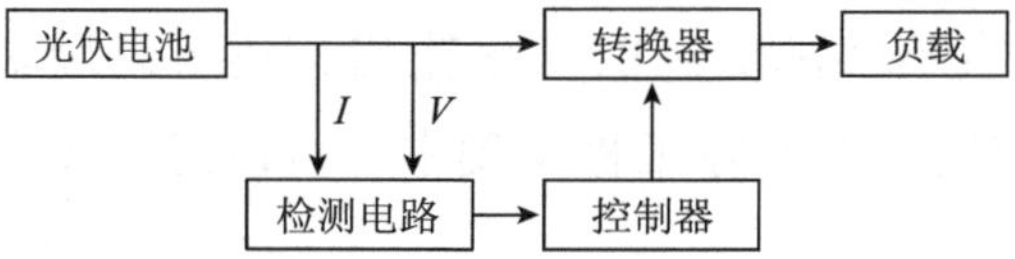

图 4.13 干扰观测法示意图

干扰观测法一般也采用功率反馈，使用两个传感器对直流母线电流及其两端的电压分别进行采样。这种控制方法虽然算法简单直观，且易于硬件实现，要求不高，但是响应速度慢，利用数字控制系统进行编程实现也更为方便，此方法只适用于那些光照强度变化非常缓慢的场合。

干扰观测法优点：干扰观察法只需要判断电压和功率是增大还是减小即可，具有控制方法简单，对传感器精度要求不高，易于硬件实现，节约成本的优点。

干扰观测法缺点：此方法在系统稳定的时候，只能在最大功率点附近振动运行，导致一定的功率损失，影响实验效果。这都是由于干扰观测法的原理造成的，无法避免，只能通过减小扰动步长，合理地选择扰动量大小的方法来减小功率损失；但是跟踪步长对跟踪精度和响应速度无法兼顾，响应速度差，很难实现快速跟踪，此方法只能适用于光照变化慢的场合。而且在某些特定的情况，光照变化快时，容易造成误跟踪，使系统偏离最大功率点，判断错误。

3. 电导增量法

电导增量法也是MPPT控制常用的算法之一。其控制思想和干扰观测法类似，是通过比较光伏阵列的瞬时电导和电导的变化量来实现最大功率跟踪。太阳能光伏电池 $P-U$ 特性曲线如图4.14所示。

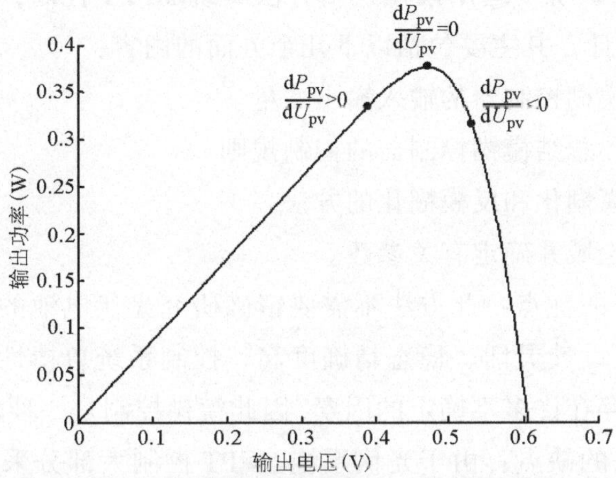

图4.14 太阳能光伏电池 $P-U$ 特性曲线

由太阳能光伏电池 $P-U$ 特性曲线可知，最大功率跟踪点在 $\frac{dP_{pv}}{dU_{pv}}=0$ 处，电导增量法的关键要点就是要找到 $\frac{dP_{pv}}{dU_{pv}}=0$ 处的电压，其方法是通过比较 $\frac{dP_{pv}}{dU_{pv}}$ 的符号不断地改变控制信号，直到找到 $\frac{dP_{pv}}{dU_{pv}}=0$ 的点。

电导增量法的优点：能够快速准确地使系统工作在最大功率跟踪点处，并能稳定运行，没有振荡。当外界光照条件剧烈变化时，电导增量法根据判据 $G+dG$ 符号做出判断，也能很好地快速跟踪，不会引起误判断，系统运行效果较好。在需要高性能的控制场合，如大容量光伏并网系统，这些场合对控制系统稳定性、精度、动态响应要求高，电导增量法是比较理想的MPPT控制策略。

电导增量法的缺点：在此算法中需要往复的运行微分计算，系统的计算量较大，需要高速的运算器。而且对传感器精度要求非常高，否则会出现误判断的情况。因此使用传统的电导增量法进行控制的系统成本相对较高，模型计算过程也相对复杂，控制效率不高。

4. 模糊逻辑控制

由于光照强度的不确定性、光伏阵列温度的变化、负载的变化以及光伏阵列输出特性的非线性特征，要实现光伏阵列最大功率点的准确跟踪需要考虑的因素是很多的。针对这样的非线性系统，使用模糊逻辑控制方法进行控制，可以获得比较理想的效果。

在光伏发电系统中运用模糊逻辑方法实现MPPT控制，模糊控制最重要的是控制器的设计，其主要包括以下几个方面的内容：

（1）确定模糊控制器的输入输出变量。

（2）归纳和总结模糊控制器的控制规则。

（3）确定模糊化和反模糊化的方法。

（4）选择论域并确定有关参数。

模糊控制法的优点：此方法不需要精确研究光伏电池的具体特性和系统参数、控制系统设计灵活、稳态精确度高、控制系统鲁棒性强。在大型的光伏系统中，由于存在许多不确定的因素，因此模糊控制是一种较好的控制方式。

模糊控制法的缺点：由于光伏系统MPPT控制大部分采用DSP为代表的控制器，在采用MATLAB模糊工具箱进行模糊控制和仿真时，需要大量的运算，算法复杂，很难实现实时的定点控制。

4.3 孤岛效应

4.3.1 孤岛效应的定义

光伏并网发电系统在正常工作时，逆变器不仅向本地负载供电，而且还会将剩下多余的电输送给电网，向电网提供一定的有功功率和无功功率。当电网因电气故障、自然灾害或停电维修等原因而跳脱时，各用户端的并网发电系统(如：光伏发电、风力发电、燃料电池发电等系统)未能即时检测出停电状态，将自身与电网断开，从而形成由发电系统和周围的负载组成的一个自给供电的孤岛，这种现象就称之为孤岛效应。从用电安全与质量方面考虑，孤岛状况的出现是不允许的，由此在光伏并网发电系统中防止孤岛效应的发生是有必要的。

图 4.15 是孤岛效应下供电状态示意图。整个系统主要由光伏阵列、并网逆变器、通过断路器开关 S1 和 S2 连接本地负载和电网组成。图 4.15 中的符号代表的意义如表 4.1 所示。

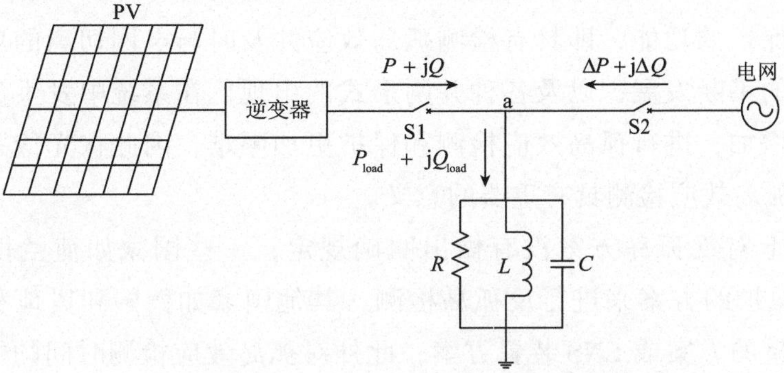

图 4.15 孤岛效应下供电状态示意图

表 4.1 单相并网发电系统功率流动图中符号意义表

符 号	意 义
P	逆变控制器向本地负载提供的有功功率
P_{load}	本地负载在并网中实际消耗的有功功率
ΔP	并网中的电网向本地负载供给的有功功率
Q	逆变控制器向本地的负载供给的无功功率
Q_{load}	本地的负载并网中实际消耗的无功功率
ΔQ	并网中的电网向本地的负载供给的无功功率

4.3.2 孤岛效应危害以及研究意义

由于孤岛效应具有潜在危险性和对设备的损坏性，社会公共工程和发电设备业主长期以来，一直关注着光伏并网逆变器地反孤岛控制。因此，在光伏并网发电系统的应用中必须防止或者有计划地发生孤岛效应，从而保证发电系统能够正常运行，并且能够保证供电质量，使供电过程更加安全可靠。孤岛效应带来的危害主要有：

（1）孤岛一旦产生将会危及电网输电线路上维修人员的生命安全。

（2）影响配电系统上的保护开关的动作程序，冲击电网保护装置；影响输出电能质量，电力孤岛区域的供电电压与频率将不稳定，电压幅值和频率的漂移将会给用电设备带来破坏。

（3）由于并网系统输出电压和电网电压之间产生了相位差，所以当电网重新恢复供电时会产生浪涌电流，可能会引起在此跳闸或者对广发系统、负载和供电系统，带来再次损坏。

（4）光伏并网发电系统因单相供电而造成系统三相负载的欠相供电问题。

由上可知，并网发电装置应该不仅具有普通的各种保护功能，还必须具备反孤岛保护的功能，即具有检测孤岛效应并及时与电网切离的功能。随着光伏产业的不断发展，以及各种并网形式的出现，在系统中发生孤岛效应的概率不断增加，进行孤岛效应检测和保护更加困难，因此在光伏并网发电系统中进行孤岛效应检测具有重要的意义。

国际上对反孤岛方案没有做出明确规定，一些国家如荷兰仅要求采用过/欠频保护的方案来进行反孤岛检测，其他国家如德国和奥地利则要求采用阻抗测量的方案或ENS装置方案；此外对孤岛效应检测时间的规定也有一定的差别，例如美国的一些研究机构选择1s作为允许的检测时间，日本则规定检测的时间为0.5~1s，德国规定检测的时间不超过5s，而EEEStd.929和IEEEStd.1547根据孤岛效应发生时的具体情况推荐了不同的孤岛效应检测时间。

根据国际标准EEEStd.929和UL1741规定，所有的并网逆变器必须具有反孤岛效应的能力，同时这两个标准给出了并网逆变器在电网断电后检测到孤岛现象并将逆变器与电网断开的时间限制，如表4.2所示。

表4.2 孤岛检测允许时间表

电 压	时 间
$50\%U_{norm}>U$	6 cycle
$50\%U_{norm} \leqslant U<80\%U_{norm}$	2 s
$80\%U_{norm} \leqslant U<110\%U_{norm}$	Normal operation
$110U\% \leqslant U_{norm}<137\%U_{norm}$	2 s
$U \geqslant 137\%U_{norm}$	2 cycle
Frequency	Time to operate
$f_{norm}+0.5f$	6 cycle
$f<f_{norm}-0.7$	6 cycle

注：① U_{norm} 指电网电压幅值的额定值，对于我国单相市电为交流220V(有效值)。

② f_{norm} 指电网电压频率的额定值，对于我国的单相市电为50Hz。

2005年11月中国参考国际标准，并且结合我国实际制定了相关的孤岛效应检测标准，规定在光伏并网发电系统中，发生孤岛效应时，必须在规定的 2s 内和电网切离，且至少使用主动检测或被动检测方法中的一种方法。其中被动式孤岛效应检测方法包括电压的 3 次谐波改变、电压的相位突变、频率的变化率等；主动式的孤岛效应检测方法中，需含有有功功率的扰动、无功功率的扰动、频率的偏移、电流脉冲的注入导致阻抗变化等方法。孤岛效应的检测和防止一般是通过监控并网系统输出端电压的幅值和频率实现的，如表 4.3 所示。虽然我国对于孤岛效应的检测已经制定了有关标准，但是并没有明确规定什么情况下使用哪种方法，这就造成产品的孤岛测试性能缺少必要的法规依据。

表 4.3　频率孤岛检测法检测时间规定表

频率范围 /Hz	响应时间 /s
<49.5	0.16
>50.5	0.16
<47.0	0.16
<(47.0~49.3)	0.16 到 300 可变
>50.5	0.16

4.3.3 孤岛效应检测方法

防止孤岛效应发生的研究目的是使光伏并网系统对孤岛现象检测无盲区，当电网断电光伏并网系统与本地负载形成孤岛时，通过检测光伏并网逆变器输出的电压、频率、相位等指标及时将光伏并网系统与本地负载解列。因而，准确及时地对孤岛效应实施检测是防孤岛效应的关键。

孤岛现象的检测方法根据技术特点，可以分为三大类：被动检测方法、主动检测方法和开关状态监测方法(基于通信的方法)。因此，下面对这几种检测方法进行详细的分析介绍。

对孤岛效应发生的机理和特性分析可知，目前反孤岛检测方案主要分为三大类：被动检测方法、主动检测方法和外部检测方法。那么反孤岛检测方法的整体归纳如图 4.16 所示。

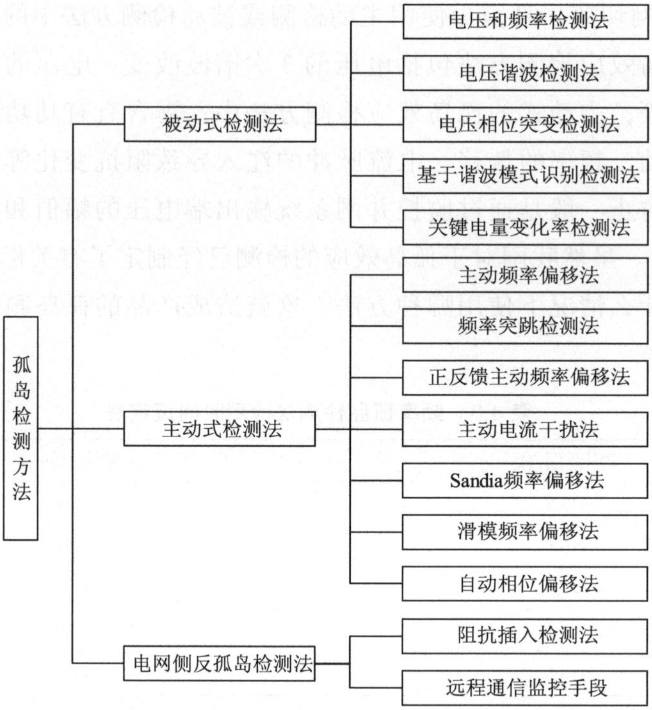

图 4.16 反孤岛检测方法归纳图

1. 被动式检测方法

被动式检测法通过检测公共耦合点 a 的参数，主要包括电压、电流、频率、相位、谐波、功率等，来判断是否发生孤岛效应。当所测得参数超过预设阈值时，逆变器自动与电网断开。由于此类方法只是对逆变器采取监控手段，并不改变其输出的参数，所以对电网的输出电能质量没有影响。且当光伏系统输出功率与局部负载功率平衡，则被动式检测方法将失去孤岛效应检测能力，存在较大的非检测区域（NDZ），由于断电后公共耦合点的电压和频率变化很小，此类方法就会失效。并网逆变器的被动式反孤岛方案不需要增加硬件电路，也不需要单独的保护继电器。所以被动检测法只能执行一般的保护功能，适用于负载功率变动不大，且与逆变器的输出不匹配的场合。

（1）电压和频率检测法。过 / 欠压 (OVP/UVP) 和过 / 欠频保护 (OFP/UFP) 采用孤岛检测的基本原理进行设计，其基本原理是当公共点 a 处的电压幅值、频率超过预设阈值时，停止光伏并网系统运行的检测。当逆变器正常工作时，首先设定电压和频率的工作范围，一般允许电网电压波动范围是 220V/50Hz，电压和频率工作范围分别为 $194V \leqslant V \leqslant 242V$、$49.5Hz \leqslant f \leqslant 50.5Hz$。当电网发生故障时，检测到公共点电压幅值和频率失去了电网电压的钳制作用，超出预设阈值，将立即断开系统与电网的连接。

该孤岛检测方法简单易行，节约成本，其不仅局限于孤岛效应检测，而且可以用作保护设备。但是当逆变器所带的本地负荷与其输出功率接近于匹配时，则电压和频率的偏移将非常小甚至为零，因此该方法存在检测盲区。

（2）电压谐波检测法。电压谐波检测法的原理是通过监控并网逆变器输出电压的总谐波失真，如果THD超出预设范围，系统将停止运行，防止孤岛现象的发生，这种方法是根据工作分支电网功率变压器的非线性原理提出的。

该种方法在很大的范围内能够成功地检测出孤岛效应，而且还不受系统本身特性的影响。但是在实际应用中，由于非线性负载等因素的存在，电网电压的谐波很大，谐波检测的动作阈值不容易确定，实现起来有一定的难度。因此，该方法具有局限性，不能得到广泛的推广应用。

（3）电压相位突变检测法。电压相位突变检测 (PJD) 是通过监测并网逆变器输出电流与并网处公共耦合点之间的相位差，该值超出允许范围时停止逆变器并网的一种检测方法。当光伏并网发电系统正常工作时，通常系统会通过锁相环的作用确保其工作在单位功率因数模式，使其输出电流电压 (电网电压) 同频同相。当电网断开后，出现了光伏并网发电系统单独给负载供电的孤岛现象，此时，公共点 a 处的电压完全由其负载决定。对于并联负载 RLC，其输出的电压相位差为：

$$\varphi=\cot\left[R\left(2\pi fc-\frac{1}{2\pi fL}\right)\right]$$

综上可知，由于锁相环的作用，输出电流 I_0 与 a 点电压仅仅在过零点发生同步，在过零点之间，I_0 跟随系统内部的参考电流而不会发生突变，因此，对于非阻性负载，a 点电压的相位将会发生突变，从而可以采用相位突变检测方法来判断孤岛现象是否发生。

相位突变检测法简单易行，成本低。但当负载阻抗角接近零时，即负载近似呈阻性，由于受到设阈值的限制，该方法失效。而且此方法具有很大的检测盲区，可靠性不高，容易发生误动作。当负载启动时，将会产生相位跳变，很容易使得逆变器发生误动作。

（4）基于谐波模式识别的检测法。一旦孤岛形成，光伏并网发电系统中的电源、负荷的类型和数量都会发生变化，系统中的负荷谐波成分也会改变，因此孤岛形成的同时系统谐波模式的变化为孤岛检测提供了重要的信息。

电力系统中的谐波电流主要由非线性负载产生，由于光伏发电系统中的电流源型逆变器会直接产生谐波电流，这些谐波电流注入电力系统，通过系统中的阻抗会产生谐波电压。因此应分析电流波形中谐波成分的特征，并考虑电压的幅值和相位等特性作为检测孤岛依据，是实用有效的。

（5）关键电量变化率检测法。孤岛发生以后，由于系统的不稳定，功率、频率等电量都比较敏感，其变化率将增大，可以通过检测功率变化率、频率变化率、谐波畸变率、不平衡度、频率对功率的偏导等变量值是否超出限值来判断孤岛的产生。

该方法的特点与其他被动法基本相同，只不过是通过测量其他物理量来提高检测精度而已，但这些物理量的测量成本可能会提高。

2. 主动式孤岛检测法

被动式孤岛检测方法存在许多问题且存在方法失效的可能性，因此光伏并网发电系统需要与其他的主动式检测方法结合使用。主动式孤岛检测方法是指通过控制并网逆变器的输出，使逆变器输出功率、频率和相位分别存在一定的扰动。电网正常工作时，由于电网的钳制作用，检测不到这些微小的扰动。当电网发生故障时，逆变器输出的扰动将快速累积，挣脱电网电压的钳制作用，超出预设阈值，从而触发孤岛检测电路，使系统断开与电网的连接。该方法检测精度高，非检测盲区小，但是控制较复杂。

主动式孤岛检测法包括：主动频率偏移法 (AFD) 、频率突跳检测 (FJD) 法、正反馈主动频率偏移法、主动电流干扰法等。

3. 电网侧反孤岛检测方法

（1）阻抗插入检测法。该方法的原理是通过在电网中有可能发生孤岛的区域内安装一个低阻抗元件来实现孤岛效应的检测。如图 4.17 所示，在电网左侧 b 点处通过开关 S 连接了电容器组合，开关 S 一般情况下断开。当开关 S2 断开时，开关 S 闭合，则系统将接入了电容器组。若在电网跳闸前，其局部负载和逆变器输出的功率相匹配，那么附加的电容器组将会打破原来的平衡状态，使得电流和电压相位、频率突变，触发过 / 欠频保护电路，电网侧开关 S2 断开，而开关 S 闭合之间需要一段延迟时间。因为连接的电容器组有可能会补偿感性负载，导致功率匹配状态，从而使得孤岛效应检测失败。理论上也可以使用其他类型的阻抗，如大电阻也可导致节点 a 处的电压幅值发生突变，但是使用电容器组具有对电网进行无功补偿的功能。

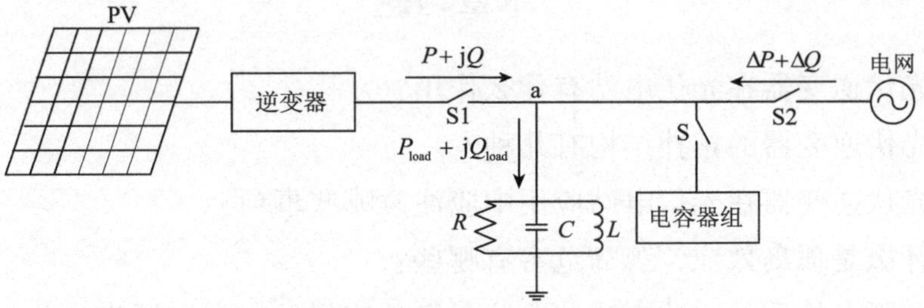

图 4.17　阻抗插入方案示意图

该方法的优点：只要在电网侧开关 S2 断开和电容器组开关 S 闭合之间，允许有适当的延迟时间来保证电容器组的接入不会影响并网逆变器与并联负载的功率平衡，而且该方法可以有效检测出孤岛效应状态，实验简单，可以对系统进行无功补偿。

该方法的缺点：在并网系统中安装电容器组不但增加成本，而且安装过程复杂，对电网有可能造成不利影响。更重要的是电容器组的插入需要一段延迟时间，反应速度慢，不能快速有效地检测出孤岛效应的发生。

（2）远程通信监控手段。可以利用电力载波通信 (PLCC)、网络监控数据采集系统 (SCADA) 等远程通信手段，通过监控系统线路、电网和分布电站上的继电器工作状态，及时检测出孤岛效应发生区域。

本章小结

逆变器又称电源调整器，根据逆变器在光伏发电系统中的用途可分为独立型电源用和并网用两种。根据波形调制方式又可分为方波逆变器、阶梯波逆变器、正弦波逆变器和组合式三相逆变器。对于用于并网系统的逆变器，根据有无变压器又可分为变压器型逆变器和无变压器型逆变器。

最大功率点跟踪（MPPT）是光伏并网系统中影响转化效率的关键技术。MPPT 控制器的全称是“最大功率点跟踪”，所谓最大功率点跟踪，即是指控制器能够实时检测太阳能板的发电电压，并追踪最高电压电流值 (*VI*)，使系统以最高的效率对并网逆变器向电网送电。

孤岛现象是指当电网供电因故障事故或停电维修而跳脱时，各个用户端的分布式并网发电系统（如：光伏发电、风力发电、燃料电池发电等）未能即时检测出停电状态而将自身切离市电网络，从而形成由分布电站并网发电系统和周围的负载组成的一个自给供电的孤岛。

本章习题

1. 光伏逆变器在光伏电站有什么作用？
2. 光伏逆变器的拓扑结构有几种？
3. 光伏逆变器在光伏电站应用中应注意哪些事项？
4. 什么是孤岛效应？孤岛危害有哪些？
5. 防孤岛检测的方法有哪些？防孤岛效应保护方案有哪些？
6. 什么最大功率点跟踪？ MPPT 的含义是什么？
7. 最大功率点跟踪常用的算法有哪些？

第 5 章　光伏电站汇流防逆流装置及通信功能

太阳能光伏电站主要由光伏电池阵列、汇流箱、逆变柜、交流低压柜、升压变压器等组成，最后产生的高压交流电直接并入电网。汇流装置、防逆流措施及光伏数据上传通信是大型光伏电站必不可少的功能。

5.1　光伏汇流装置

5.1.1　光伏汇流箱装置的介绍

太阳能发电系统主要由光伏电池阵列、光伏汇流箱、光伏逆变器和电网组成，有的系统还有蓄电池。由于光伏电池的转换效率不高，光伏电站往往占用很多的土地，范围比较大。为了减少光伏电池阵列和逆变器之间的连线，并在电池阵列和逆变器之间进行保护，需要把多路太阳能电池阵列输出进行汇流、保护后，变为较少路的输出输入到逆变器里。而光伏汇流箱就是起到这么一个作用。用户可以将一定数量、规格相同的光伏电池串联起来，组成一个个光伏串列，然后再将若干个光伏串列并联接入光伏汇流防雷箱，在光伏防雷汇流箱内汇流后，通过直流断路器输出，与光伏逆变器配套使用从而构成完整的光伏发电系统，实现与市电并网。

5.1.2　光伏汇流箱的基本工作原理

太阳能电池阵列将太阳光能转化为电能后，以直流形式输入汇流箱。汇流箱的一般工作原理图如图 5.1 所示。

由图 5.1 可知，假设 a+、b+ 和 a−、b− 分别是 a、b 两路直流电的正、负极输入。在汇流前，将 a、b 两路直流电的正极各加上一个光伏直流专用二极管。a、b 两路直流电经过汇流箱汇流后，输入到光伏逆变器进行逆变，将直流电逆变为与电网同幅、同频、同步的交流电，然后并入电网或直接供给负载使用。

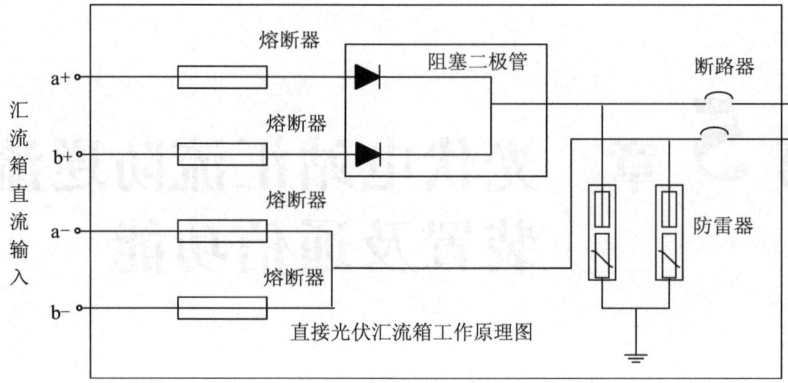

图 5.1 汇流箱的一般工作原理图

在汇流箱内，熔断器、断路器和防雷器是必不可少的组件。熔断器是防止由于电流过大而导致过热危及汇流箱，而因为汇流箱多数是安装于户外，有可能会受到雷击，所以在汇流箱的直流输出端并联一个防雷器，在汇流箱遭到强烈雷击时，能够在一定程度内保护汇流箱。由于一个逆变器可以接入几个汇流箱，所以在逆变器内还要进行二次汇流。一般汇流箱内部实物图如图 5.2 所示。

汇流箱内进行的汇流是根据光伏发电系统此时状况决定的。如果光伏发电系统处于运行状态中，则光伏汇流箱内的汇流就会进行。也就是说，当汇流箱没有损坏并处于正常工作状态时，随时可以进行汇流。当每块光伏阵列的电池特性相同时，汇流出来的电流是最大的，此时汇流箱处于最大工作效率。

如图 5.3 所示，智能汇流箱将直流电汇流传送到并网逆变器，同时检测每组电池输入的电流及电压值，这样，就可以检测每一路光伏组件的工作状态，利于对光伏组件的检修。

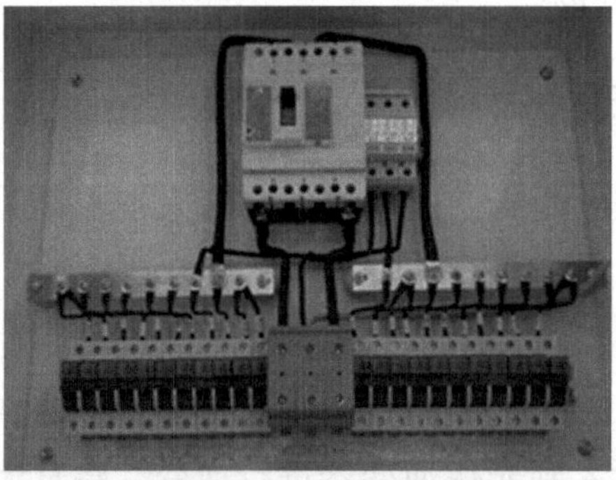

图 5.2 普通汇流箱内部图

图 5.3 智能汇流箱内部图

当光伏阵列发生热斑现象时，阵列当中的太阳能电池特性将会不同，这一阵列的输出电流就会降低，高低电压段间将发生环流，但是汇流箱中每一路都装有防反二极管，环流将不会发生。

5.1.3 光伏汇流箱技术要求

智能光伏汇流箱的设计应具有以下特点：

（1）满足室外安装的使用要求 。

（2）同时可接入 8/16 路光伏阵列，每路配 16A，$1000V_{DC}$ 保险丝（可更换其他等级）。

（3）配有光伏专用高压防雷器，正负极都具备防雷功能 。

（4）采用正负极分别串联的四极断路器提高直流耐压值 。

（5）对输入阵列进行电流监控，本机 LED 显示及通过 RS485 方式输出电流值 。

（6）对汇流后电压进行监控，本机 LED 显示及通过 RS485 方式输出电压值。

5.1.4 汇流箱的防雷设计

由于光伏汇流箱是安装在室外不定环境下的，必须考虑对汇流箱进行雷击保护，在汇流箱直流输出部分并联了一个光伏直流专用的雷击浪涌保护器（即防雷器）。一旦发生雷击，浪涌保护器会迅速将过大的电能泄放出去，保证电能的稳定输出，保护汇流箱不受雷击损害。雷击浪涌保护器内部结构如图 5.4 所示。雷击浪涌保护器将直流输出正、负极通过热脱扣器和压敏电阻接地。正常工作时，压敏电阻呈现高阻状态。系统一旦受到雷击，电路里会产生一个很大的电压值，这时压敏电阻阻值迅速下降，电路正、负极与地导通，起到迅速泄放过大电能的作用。当过大电能泄放后，电压恢复正常，压敏电阻又恢复到高阻状态。防雷器技术参数如表 5.1 所示。

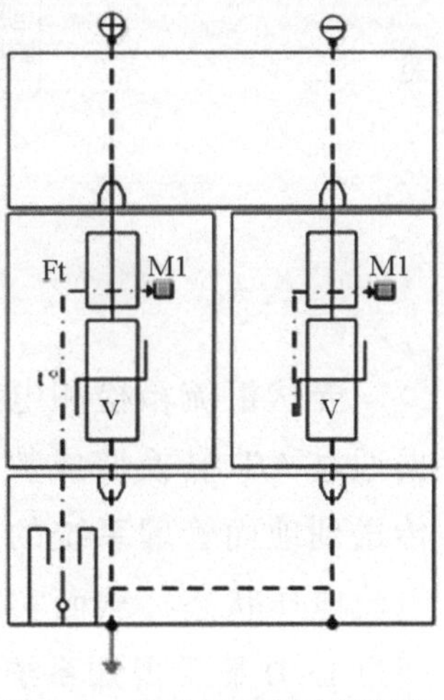

图 5.4 雷击浪涌器内部结构

表 5.1 防雷器技术参数表

型号规格	DS50PV-600
最大持续工作电压	$680V_{DC}$
标称放电电流 I_n	20kA(8/20μs)
放电次数	50
标称通流容量	40kA（8/20μs）
保护水平（标称放电电流下）	2.5kV
保护模式	L+——PE、L-——PE
环境温度	-40~+85℃

5.1.5 光伏汇流箱的硬件

1. 智能光伏汇流箱硬件设计

为了实现光伏汇流箱同时接入多路太阳能光伏阵列，设计了基于单片机的智能光伏汇流箱，其硬件结构框图如图 5.5 所示。主电路以 LPC1343 单片机为控制中枢，由电流检测电路、电压检测电路、输出控制驱动部分、CAN 总线通信电路、输出驱动电路及控制 LCD 显示、键盘等电路的控制芯片组成。

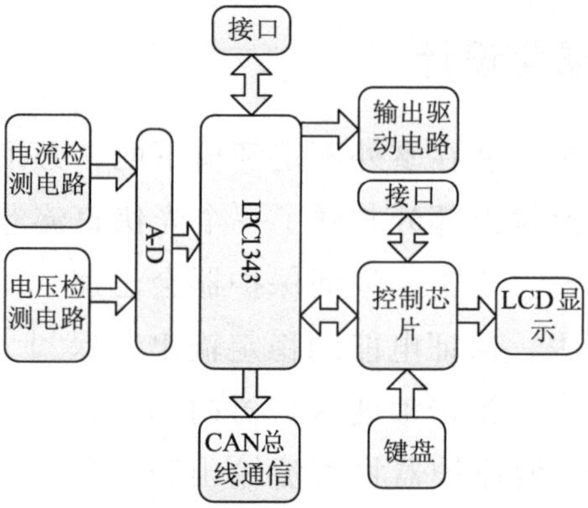

图 5.5 光伏汇流箱硬件结构框图

光伏汇流箱检测电路对太阳能电池板电路状态进行检测，将电压电流数据通过 A/D 转换变成数字信号，数字信号由单片机进行一定的分析处理之后传送到地面管理系统的监控器，这样，总监控器就可以实时监控整个系统的电流电压状态，从而实现对太阳能电池板电流电压的实时监控。控制员可以通过 LCD 显示得知系统此时的各种参数，并且可以通过键盘输入进行修改。

2. 防反二极管的设计

为了防止逆变器不工作时，并联的电池阵列中形成环流，在每个电池阵列输入到汇流的回路内串接一只防反二极管，可防止内部环流的形成。光伏阵列中，串联各路的输出电压不可能绝对相等，各支路电压总有高低之差，或者某一支路故障、阴影遮蔽等使该支路的输出电压降低，高电压支路的电流就会流向低电压支路，甚至会使方阵总体输出电压降低。在各支路中串联接入防反充二极管就避免了这一现象的发生。基于二极管的单向导通特性，当发生电流倒流时，起到反向阻碍作用。图 5.6 即为防反二极管在电路中的接法和应用。

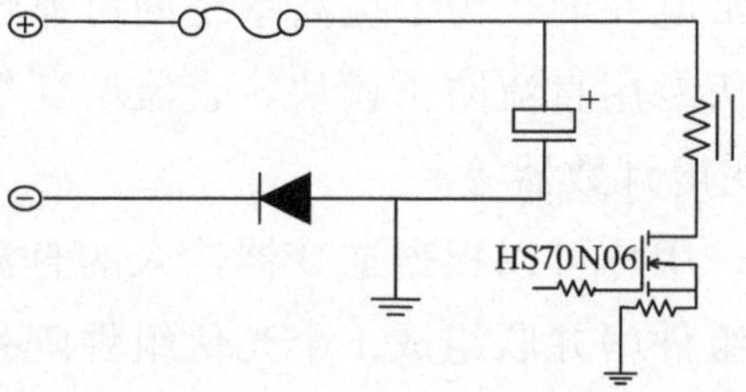

图 5.6 防反二极管在电路中的接法和应用

（1）光伏专用防反二极管模块压降低（通态压降 0.76~0.80V）。压降越低，模块的功耗越小，散发的热量相应也减小，汇流箱的温升自然就小。

（2）光伏专用防反二极管模块热阻小（最大热阻结至模块底板 0.5）。热阻越小，模块底板到芯片的温差越小，模块工作更可靠。

（3）光伏专用防反二极管模块热循环能力强（热循环次数达到 1 万次以上）。

热循环次数越多，模块越稳定，使用寿命更长。一些特定的、大型的讲究系统长期稳定性的汇流箱设计则需要用到光伏专用防反二极管；而对于产品设计比较低端，可以选择普通二极管模块。

在独立光伏发电系统中，有些光伏控制器的电路上已经接入了防反充二极管，即控制器带有防反充功能时，组件输出就不需要再接二极管了。

3. 保险丝的选型

在任何的电力系统中，保险丝被用来保护电子器件免受过电流的危害，如果不加保护，过电流有可能导致电子器件失灵、过热、损坏，甚至起火。如果保险丝等级过大，无法有效地提供保护功能；如果过小，则无法正常工作。因此在选择保险丝时，需要根据光伏组件的额定等级以及相关标准要求而定。

保险丝的最小等级可由光伏组件的短路电流计算而得，如果当地标准没有特殊要求，建议系统中使用的保险丝及接线的额定值需要满足最小1.56倍的 I_{SC} 取值。

5.1.6 汇流箱应用实例

在太阳能光伏系统中，用户可以将一定数量、规格相同的光伏电池串联起来，组成一个个光伏串列，然后再接入汇流防雷箱，在光伏防雷汇流箱内汇流后，通过直流断路器输出，与光伏逆变器配套使用，从而构成完整的光伏发电系统，实现与市电并网。为了提高系统的可靠性和实用性，在光伏防雷汇流箱里配置了光伏专用直流防雷模块、直流熔断器和断路器等，并设置了工作状态指示灯、雷电计数器等。

使用光伏汇流箱，用户可以根据逆变器输入的直流电压范围，把一定数量的规格相同的光伏组件串并联组成1个光伏组件阵列，再将光伏组件阵列接入光伏防雷汇流箱进行汇流后输出，方便了后级逆变器的接入。该产品具有如下特点：

（1）可同时接入多路太阳能光伏阵列，每路额定电流达10A，最大15A。

（2）每路输入独立配有太阳能光伏直流高压防雷电路，具备多级防雷功能。

（3）输出端配有光伏直流高压防雷模块，可耐受最大80kA的雷电流。

（4）采用高压断路器，直流耐压值不低于DC1000V。

（5）具有雷电记录功能，方便了解雷电灾害的侵入情况。

（6）具有电流、电压、电量的实时显示功能，便于观察工作状况（选配）。

（7）防护等级达IP65，满足室外安装的使用要求。

（8）具有远程监控功能（选配）。

图5.7为广西地凯公司生产的光伏汇流箱。

图5.7 广西地凯公司生产的光伏防雷汇流箱

汇流箱一般在户外，汇流柜常与大型并网逆变器柜一起放在逆变器室内。智能汇流箱将直流电汇流传送到并网逆变器，同时检测每组电池输入的电流及电压值，实时上传到监控中心。告警信号通过 GPRS、RS485 总线或光缆上传到集中器，再转发到监控中心。用户通过后台软件获取信息，判断设备具体故障来源，以便于发电设备的及时维护和管理。

太阳能光伏防雷汇流箱按使用场合不同可以分为：汇流箱和汇流柜两大类，按是否带有 CPU，又可分为普通汇流箱和智能汇流箱（汇流柜）。具体应用如图 5.8 所示。

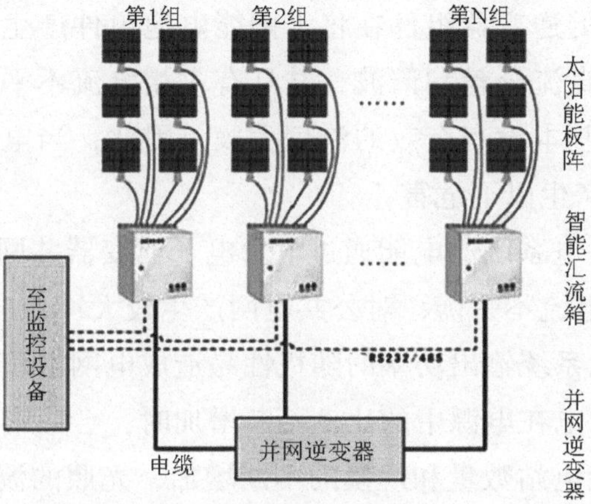

图 5.8 光伏智能汇流箱应用示意图

5.2 逆功率的定义及危害

5.2.1 逆功率的定义

在并网发电系统中，主要分为光伏发电和低压侧母线供电两大部分，用户负载由这两个发电系统共同供电。当光伏并网系统的发电量始终小于或等于负荷的用电量时，由电网供电与光伏发电系统形成并联共同向负荷供电。当光伏发电系统由于某些原因发电量超过了用户负载的用电量，即产生了剩余电能时，可能出现光伏发电系统向电网输电的情况。由于此时电网供电系统出现电流倒送现象，所以称之为“逆流”现象，此时电网供电部分的功率称为“逆功率”，如图 5.9 所示。

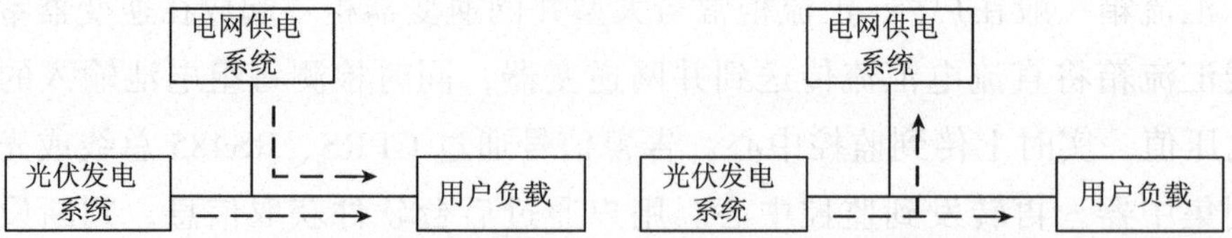

（a）电网供电系统正常供电 （b）电网供电系统出现“逆流”

图 5.9 并网发电系统“逆流”现象示意图

5.2.2 逆功率的危害

光伏发电系统的逆变器组件在将太阳能电池组件产生的直流电转变成交流电时，会夹杂有直流分量和谐波，并具有三相电流不平衡、输出功率不确定性等问题，目前基本没有有效的治理手段。因此，当电网供电系统产生逆功率时，会对电网产生以下危害：

（1）当光伏发电系统的电能通过电力电子逆变器并网进入公共电网时，易产生谐波和三相电流不平衡，对公共电网产生较大冲击。

（2）光伏发电系统输出功率的随机性易造成电网电压波动闪变。

（3）当光伏发电在电源中的比例不断增加时，会影响电网的调峰能力。

（4）随着光伏电站数量和规模的不断增加，光照的波动和周期性变化会引起输电线路电压升高，长距离输电的电压稳定性问题。

（5）光伏发电系统在线路发生故障时，会影响继电保护以及重合闸的动作。

如果有许多这样的光伏发电系统向公用电网进行输电，会导致公用电网电能质量严重下降。所以这类光伏发电系统根据现有的国家标准 Q/GDW480-2010《光伏电站接入电网技术规定》必须配套加装防逆流设施，来防止逆功率的发生。当检测到逆向电流超过额定输出的 5% 时，光伏电站应在 0.5~2s 内停止向电网线路送电。

5.2.3 防逆流装置的原理

防逆流装置原理如图 5.10 所示，通过监视电网供电回路的电压、电流（测量点），由防逆流控制器通过一定的算法得到电网供电系统输出功率的大小及方向，并按整定的系统逻辑，对各个光伏发电单元进行防逆流投切动作或切断整个光伏发电系统（控制点）。

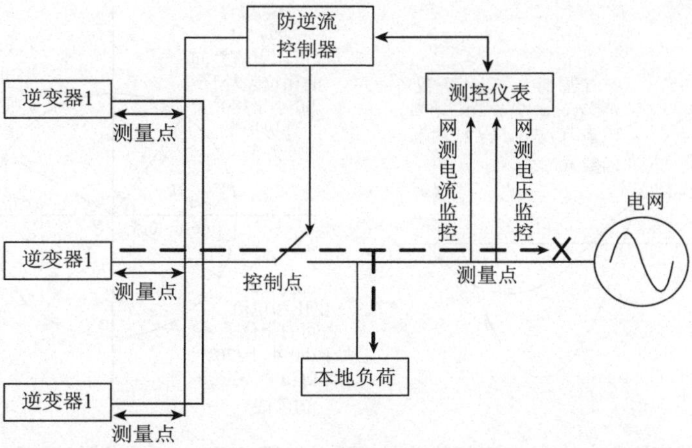

图 5.10 防逆流装置原理框图

一旦发现电网供电系统出现逆功率，立即通过防逆流控制器对光伏发电单元进行控制，适当减少光伏发电系统的输出功率，确保在 2s 内，电网供电系统逆功率消失。

5.2.4 逆功率的检测

根据电路理论，交流电路的瞬时功率为：

$$P=UI[\cos\varphi-\cos(2\omega t-\varphi)]$$

如图 5.11 所示，在一个周期中，有功功率 $P=UI\cos\varphi$。其中，UI 为电压电流有效值，$\cos\varphi$ 为功率因数。判断有功功率的正负不能按照电压和电流的瞬时正负来进行，但可以根据电压电流的相位差来判断。如图 5.12 所示，依三角函数理论，若 φ 位于象限 I 或象限 IV，此时有功功率为正；若 φ 位于象限 II 或象限 III，则有功功率为负。因此，在一个周期中，如果能通过采样算法计算出功率因数，就可根据功率因数来预判功率的变化方向。

通过电流互感器与电压互感器对电网供电回路的电压、电流进行采集。经由交流采样算法进行处理，得出所测电压、电流及输出功率的大小和方向。由防逆流控制器根据得到的数据，按系统整定的控制逻辑，对各个光伏发电系统逆变器组进行防逆流投切控制，并且发出警报。

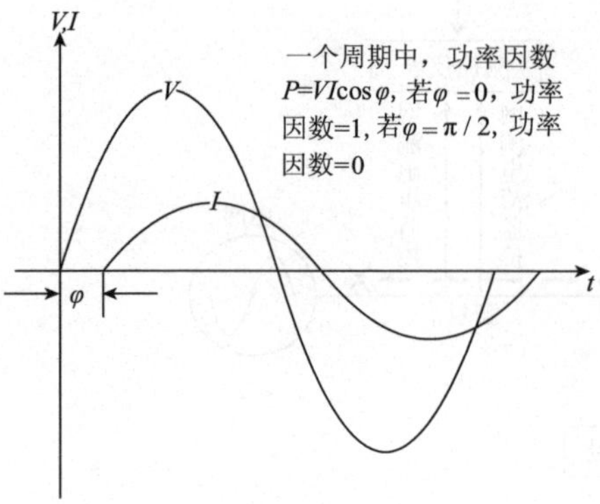

图 5.11 功率因数与电压电流相位差示意图

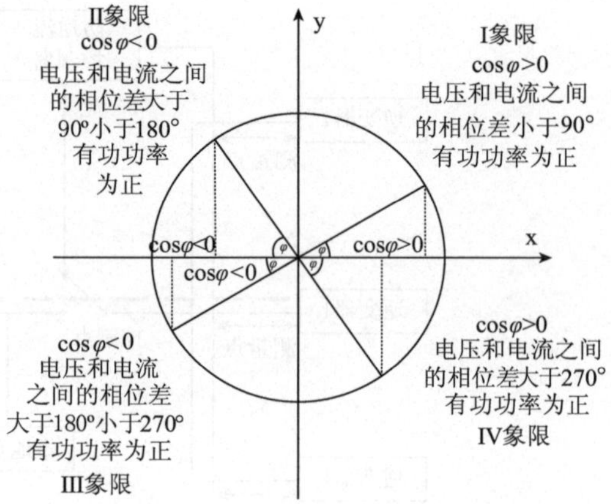

图 5.12 不同象限功率因数正负关系

5.2.5 防逆流装置的基本功能

在光伏并网系统中，逆功率保护是研究的核心内容之一。防逆流装置作为继电保护装置，必须在技术上满足选择性、速动性、灵敏性和可靠性四个基本要求。

5.2.6 防逆流装置控制要求

无逆流光伏并网发电系统的正常运行方式为：光伏发电系统与电网低压侧母线并联共同供电，此时，对防逆流装置有如下控制要求：

（1）若电网供电回路出现电压过高或者过低、电流过高（通过设置参数整定），则逆功率监控装置显示报警信息，并通过通信把报警信息上传。

（2）检测交流电网供电回路三相电压、电流（测量点），判断功率方向和功率大小。如果电网供电回路出现逆功率现象，防逆流装置按照系统逻辑对光伏发电系统中的各个光伏发电单元进行适当的投切控制，确保在规定时间内“逆流”现象消失。

（3）逆功率恢复的控制：当防逆流装置检测到逆功率，且对光伏发电系统进行防逆流保护后，若测量点逆功率消失，并且检测到负荷功率（测量点的正向功率）大于某一门槛值时，经过延时后，防逆流装置逐步将被切断的光伏发电单元接上（控制点）。

（4）如整体断电后，重新对负载送电过程中，防逆流装置如果检测到测量点的电压为正常供电电压，防逆流装置把不可逆光伏并网发电系统中接入点合上（控制点合上），不可逆光伏并网发电系统处于待机并网状态。

5.2.7 防逆流装置保护逻辑

防逆流装置除了需要有逆功率保护和逆功率恢复功能外，在系统运行中，还要不断监视电网供电回路的电压和电流，具有对异常电流和电压报警功能。

1. 逆功率保护逻辑

由采样算法得到的有功功率值 P 与功率因数 $\cos\varphi$，与系统整定值比较。若有功功率值 P 低于逆功率整定值 P_n、功率因数 $\cos\varphi$ 小于零且逆功率跳关开位置为合闸，即为逆功率现象发生。防逆流装置立即操作显示出现逆功率，遥控逆功率跳开关输出，逆功率跳上传。控制逻辑图见图 5.13。

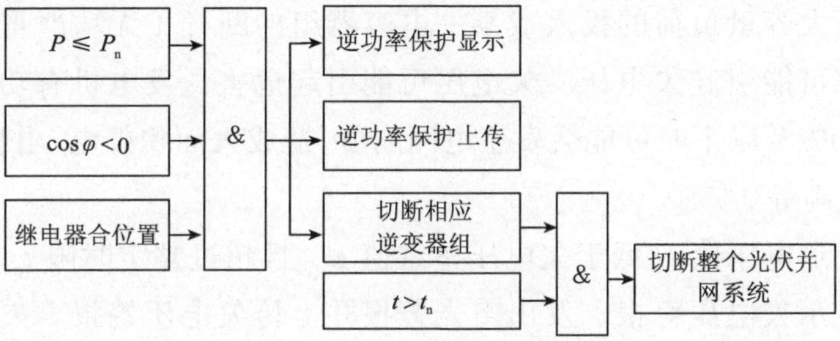

图 5.13 逆功率保护控制逻辑

2. 逆功率恢复逻辑

当防逆流装置检测到逆功率，切断不可逆光伏并网发电系统供电回路后，若测量点逆功率消失，既经过采样算法得出的有功功率值 P 大于逆功率恢复整定值 P_{hf} 且功率因数 $\cos\varphi$ 大于零。经过延时防逆流装置把不可逆光伏并网发电系统的逆变器组逐步接入并网系统。逆功率恢复逻辑如图 5.14 所示。

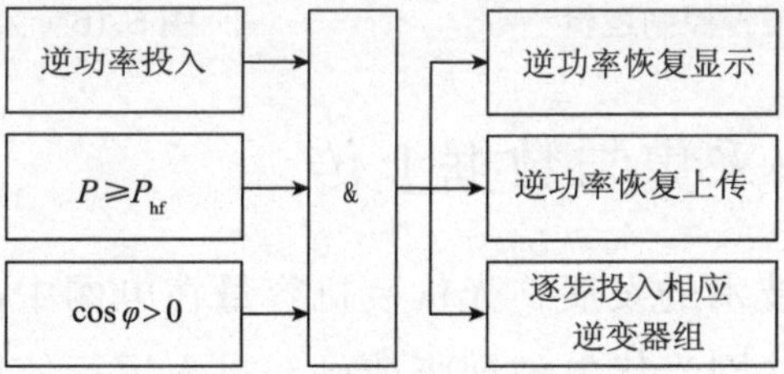

图 5.14 逆功率恢复控制逻辑

3. 过电压报警逻辑

过电压是指工频下交流电压均方根值升高，超过额定值的 10%，并且持续时间大于 1 分钟的长时间电压变动现象，过电压的出现通常是负荷投切的结果。过电压分外过电压和内过电压两大类。

不管是何种过电压，都会威胁电力设备的安全，严重的会对整个电力系统的安全构成影响，甚至造成重大的电力火灾事故。因此，本装置在检测到电网供电回路电压值 U 大于系统过电压整定值 U_{gy} 超过整定时限 t_{gy} 时，会发出声光警报并且上传过电压警报。过电压报警逻辑如图 5.15 所示。

4. 欠电压报警逻辑

欠电压是指工频下交流电压均方根值降低，小于额定值的 10%，并且持续时间大于 1 分钟的长时间电压变动现象；引起欠电压的事件正好与过电压相反，某一大容量负荷的投入或某一电容器组的断开（无功严重不足引起的欠电压）都可能引起欠电压。欠电压可能引起危害：发电机有功功率减小；电压低至 70% 及以下时可能会发生电网崩溃，造成大面积停电；电机转矩减小，电机温升升高等。

当测量点电压值 U 低于欠电压整定值 U_{qy} 且超过整定时限 t_{qy} 时，防逆流装置立即显示欠电压警报、发出声光警报并上传欠电压警报。欠电压报警控制逻辑如图 5.16 所示。

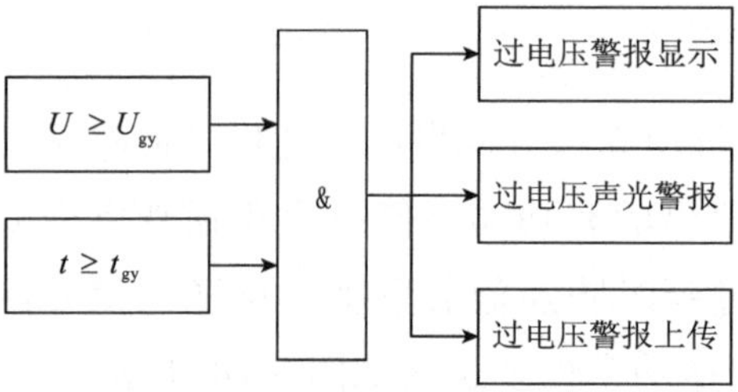

图 5.15 过电压报警控制逻辑

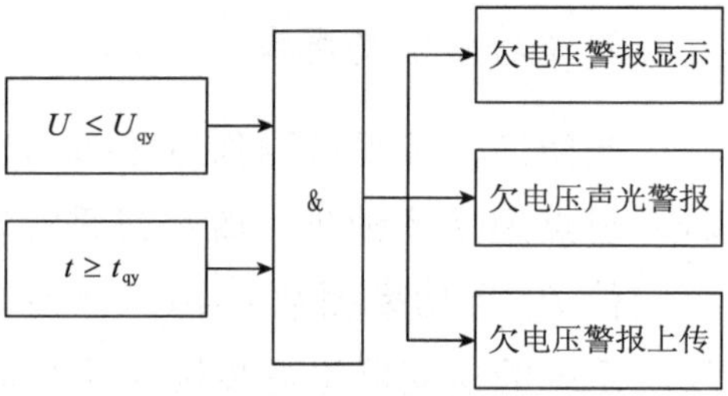

图 5.16 欠电压报警控制逻辑

5.3 光伏数据采集与数据上传

随着光伏发电技术的发展，光伏装机容量在电网中占的比例不断增加，越来越多的独立和并网光伏电站即将或已经投入运行使用。光伏电站产生的系统数据，是分析光伏电站能否安全、稳定、高效运行的重要参数，可参考这些数据不断改善光伏电站的运行情况。利用光伏电站的历史数据，可预测未来的发电情况，并制定合适的调度计划，实现经济效益最大化。光伏系统数据主要分为三类：发电参数、环境参数和安防参数，是光伏系统通信中不可或缺的数据，从光伏电站中的汇流箱、并网逆变器、光伏气象仪、安防装置等设备中获取。

5.3.1 光伏系统数据

1. 发电参数

发电参数是由光伏阵列产生的，在汇流箱和并网逆变器中获取，其中汇流箱负责直流参数采集，并网逆变器负责交流参数的采集。发电参数是衡量光伏电站运行情况的主要指标，有直流电压、直流电流、交流电压、交流电流、输出功率、发电量。其中输出功率和发电量是并网后的最终数据，是系统分析中常用的两个指标。

2. 环境参数

环境参数是由环境气象仪产生的，主要有大气温度、太阳辐照度、气压、风速、风向、湿度。这些参数可衡量不同天气情况下发电量输出差异，可作为实现发电预测的基础。

3. 安防参数

安防参数是由安防设备产生的，主要是安全执行设备和消防设备的参数，这些参数衡量电站安全运行情况

5.3.2 通信方式的选择

光伏系统的通信，按通信介质分类，可分为有线和无线两类。因为光伏电站受运行规模、所处区域因素的限制，选择合适的系统通信方式至关重要，以下分别对比常用的光伏有线通信和无线通信

1. 有线通信

（1）方式 1：下位机采用如 485 总线等工业总线直接与上位机通信。该方式的特点是能小范围内实现监控，结构简单，成本低。缺点是：无法实现远距离监控，在单总线上，节点数量受限制，不同通信速率的设备很难共存。

（2）方式 2：采用公用电话网监控方式。该方式的特点是通过对连接公用电话网的 Modem 进行拨号，其实就是大部分居民家里很常见的上网方式。虽然该方式能实现远距离监控，但是本地主机和远程主机都必须配置 Modem，控制方式也相对繁杂，使用不广泛。

（3）方式3：在第一种方式的基础上，将485等通信接口转换为以太网接口，并通过工业以太网交换机和路由器实现局域网和互联网的监控方式，如图5.17所示。其特点是，监控范围广，通信速度快，节点数无限制。

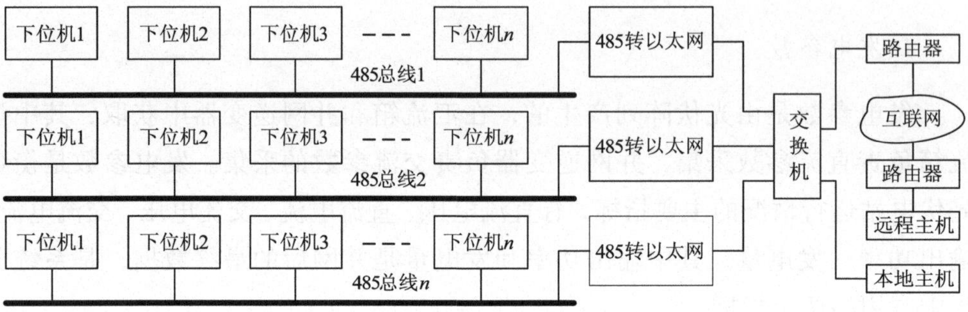

图5.17　基于局域网和互联网的通信方式

2. 无线通信

（1）数传电台模式：利用无线数传电台进行远程数据传输。数传电台一般采用短波传输，距离为数公里至数十公里，长距离传输时易受外界因素干扰，导致传输不稳定，误码率高。除此之外，使用数传电台还需要持有电台执照，这更加限制了该种通信方式的应用。

（2）卫星通信：利用通信卫星进行数据传输。卫星数据通信设备价格昂贵，使用成本极高，而光伏数据采集系统传输的数据流量较小，采用这种昂贵的通信方式不经济。

（3）GPRS通信：利用GPRS无线通信技术进行远程数据通信。综合考虑了有线方式、数传电台模式和卫星通信的缺点。

（4）WiFi通信：采用具有WiFi接口的光伏数据集中器，而这些光伏数据集中器利用WiFi中继器扩大传输范围，远程计算机利用无线网卡就能发送和接收数据，原理如图5.18所示。

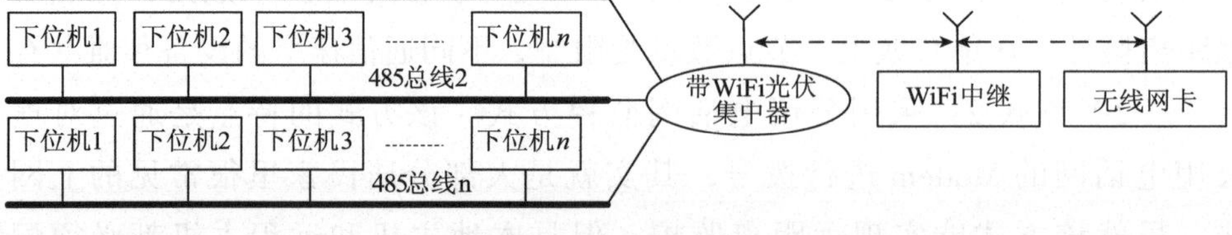

图5.18　WiFi通信

5.3.3 光伏数据集中器

市场上有现成的串口服务器可以起到光伏数据集中器的作用，它们的形式有很多，按总线数目可分为单总线和多总线；按传输介质可分为有线和无线。单总线的串口服务器如图 5.19 所示，无线传输的串口服务器如图 5.20 所示。

图 5.19 单总线式串口服务器

图 5.20 无线传输的串口服务器

串口服务器可以很大程度地降低系统复杂性和提高系统的可扩展性，只需把不同波特率的设备接在对应的串口服务器上，只负责对串口服务器以太网端的操作，减小了通信监控系统的工作量。串口服务器必须配置后，才能使用，而配置过程也是比较简单的，只需在浏览器中，输入它默认的地址进入 Web 管理页面，设置相关 IP 和串口相关的参数，串口服务器的配置如图 5.21 所示。

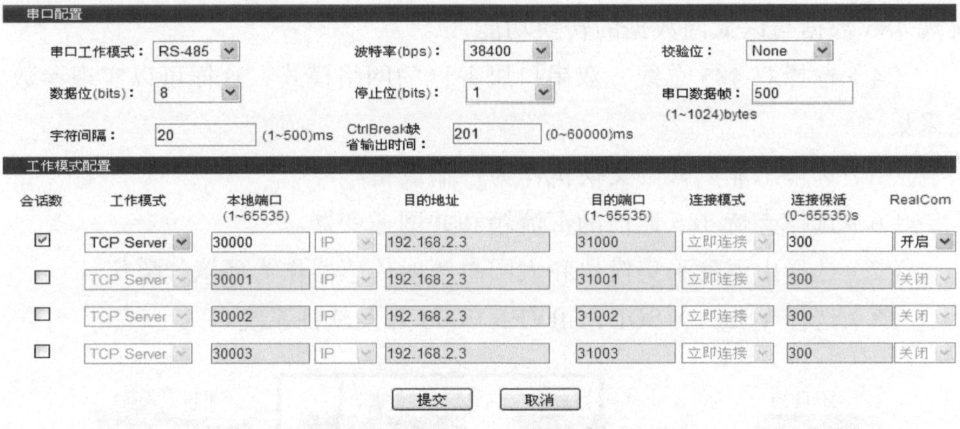

图 5.21 串口服务器的配置

5.3.4 光伏通信系统介绍

光伏通信系统由汇流箱、逆变器、电度表、环境气象仪、安防设备和软件系统组成，完成对光伏电站的全面数据的采集与分析，实现了光伏电站的远程运营与维护，实现了对光伏电站设备、资产的有效管理。系统架构体系包括三层：本地数据采集、数据传输、数据存储与处理。

（1）本地数据采集：由数据采集网关经总线将汇流箱、逆变器、电度表、环境气象仪、安防设备等装置的数据上传。

（2）数据传输：由底层总线、数据采集网关、交换机、网络、路由组成的传输线路。

（3）数据存储与处理：本地数据采集后，传输至软件系统，进行数据处理、显示和存储。

5.3.5 光伏通信系统设计案例

1. 系统方案的确定

光伏发电发展迅猛，在市场上能买到各式各样的光伏设备。研发光伏设备的厂商为抢占市场份额，必须遵循按业内标准，大多数光伏设备都配置了485通信接口+ModBus通信协议的通信选择，故提出了基于串口服务器的以太网通信方案，如图5.22所示。

（1）选择如图5.17所示的基于局域网和互联网的有线通信方式。

（2）选择RS485总线作为底层总线，通信协议为Modbus。

（3）选择如图5.18所示的单总线式串口服务器NP301作为数据网关，实现485数据与以太网数据的转换功能。

（4）选择双485总线，双串口服务器的网络模式，这样可以实现参数多点采集。

（5）选择工业以太网交换机作为传输设备。

（6）选择支持485通信的汇流箱和并网逆变器。

（7）选择由温度采集模块和太阳总辐射传感器作为环境气象仪。

（8）选择VS2010+SQL SERVER 2000开发软件系统。

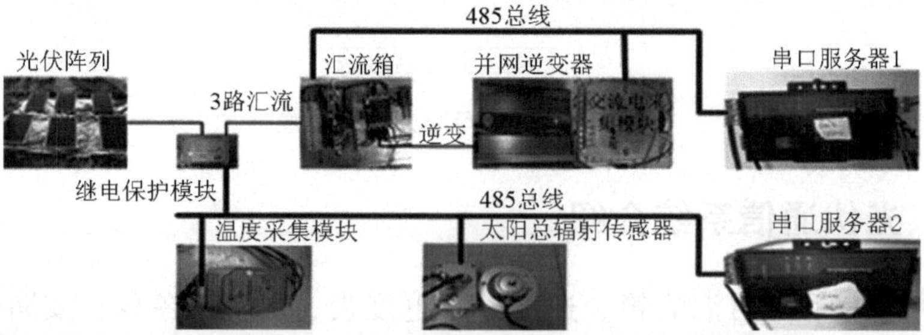

图5.22 基于串口服务器的以太网通信方案

光伏阵列经继电保护模块后，再由汇流箱汇集成一路输出，最后由并网逆变器输送至电网。在汇流箱中可以获取光伏阵列的输出参数，通过交流电采集模块可采集并网逆变器的输出参数，由于两者输出的参数变化快，将它们连接到波特率较大的串口服务器 1。继电保护模块和由温度采集模块和太阳总辐射传感器组成的环境气象仪并不需要很快的通信速率，将它们连接到波特率较小的串口服务器 2。串口服务器 1、串口服务器 2 和本地主机都要经工业以太网交换机而处于同一个网段。

串口服务器可以很大程度地降低系统复杂性和提高系统的可扩展性，只需把不同波特率的设备接在对应的串口服务器上，只对串口服务器以太网端的操作，减小了通信系统的工作量。本方案使用的串口服务器支持 TCP 协议，使用 VB.NET 语言的 Socket 接口完成对底层设备的控制。

2. 数据上传的设计

在 Microsoft Visual Studio 2010 的集成开发环境中，使用面向对象的 VB.NET 语言编写程序，其中 VB.NET 语言中所提供的部分功能和接口是本方案实现光伏通信系统基础。由于使用了 Modbus 和 TCP 协议，所以数据上传的主要设计过程是利用 Modbus 通信协议获取底层设备的数据和利用 SocketTCP 通信协议接受串口服务器发送的数据。Modbus 通信协议和 SocketTCP 通信协议如图 5.23 所示。

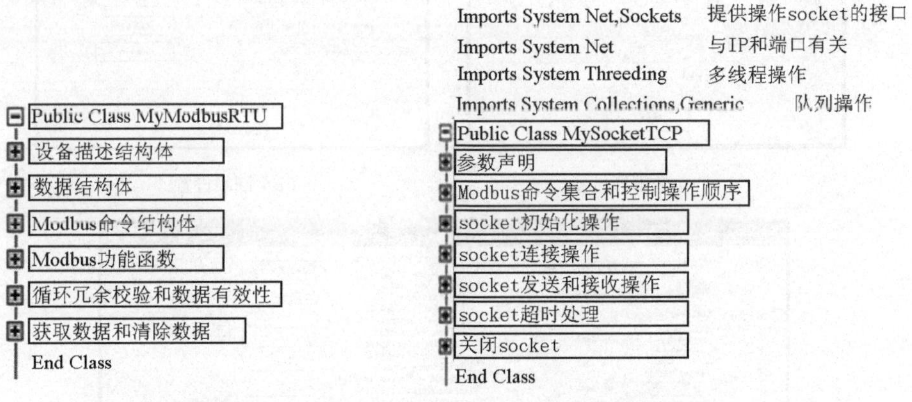

（a）ModbusRTU （b）MySocketTCP

图 5.23 Modbus 通信协议和 SocketTCP 通信协议

Modbus 通信协议，在网络上很容易获取，只要在 Microsoft Visual Studio 2010 中做一些简单的修改即可。而对于串口服务器，由于串口服务器形式各异，握手协议也不一样，SocketTCP 通信协议实现起来存在差别。本案例的

MySocketTCP 协议处理的过程如图 5.24 所示。

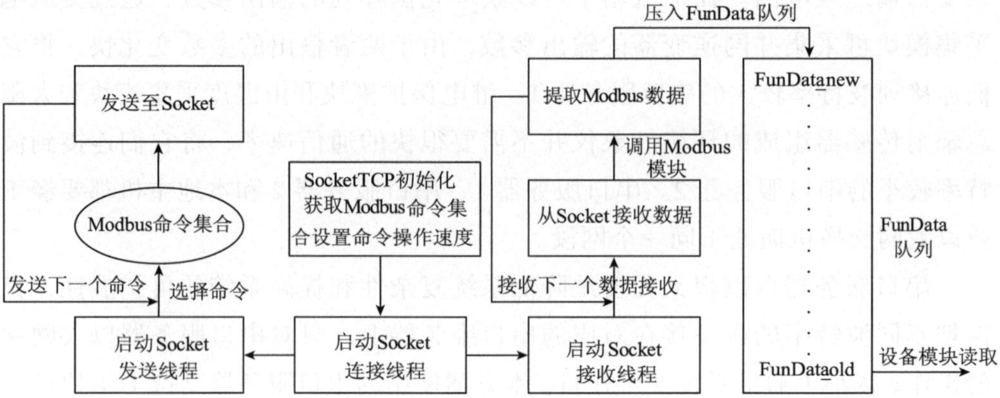

图 5.24　MySocketTCP 协议的处理过程

3. 系统通信实验

在进行系统实验之前，必须设置数据库参数、网络参数、设备参数，系统才能正常运行，通信系统的配置过程如图 5.25 所示。

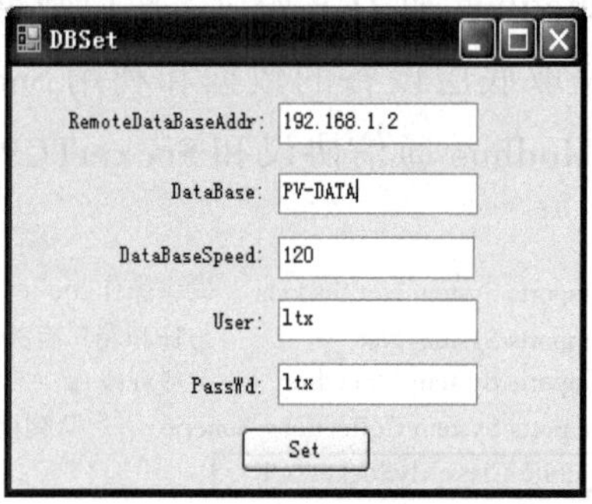

（a）数据库设置

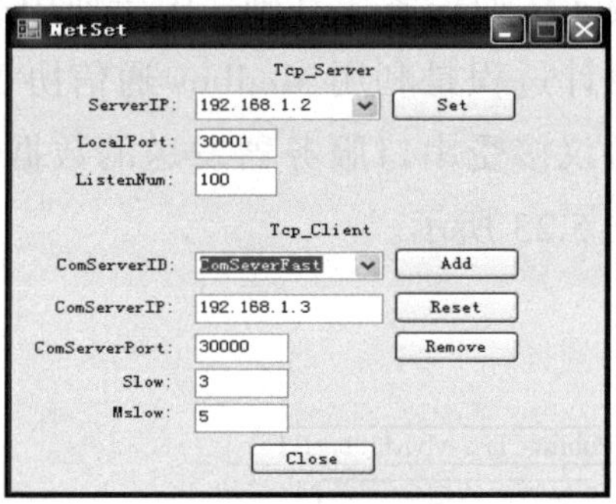

（b）网络设置

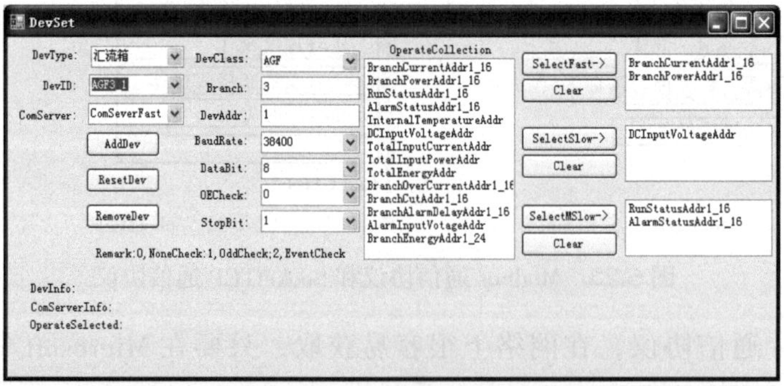

（c）设备设置

图 5.25　通信系统的配置过程

系统运行过程如图 5.26 所示，首先配置所有的运行信息，如果成功，则连接所有的串口服务器，否则报警并等待再次运行。如果所有串口服器连接成功，则启动所有的线程，否则等待重新连接。

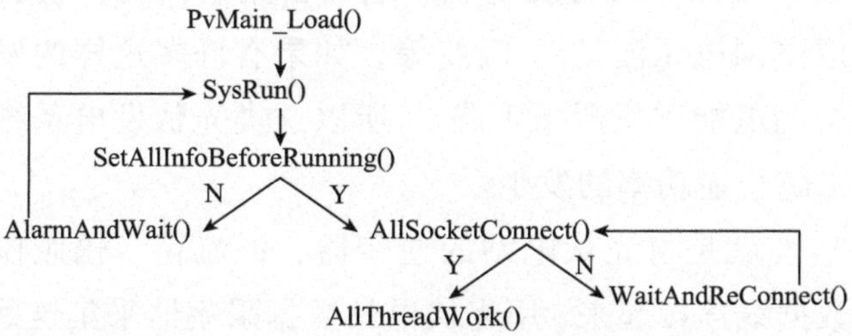

图 5.26　系统运行过程

按照上述方案所实现的通信系统运行界面如图 5.27（a）所示，能实时显示整个电站的运行情况，出现异常情况可手动或自动地做出相应的操作。历史数据的查询如图 5.27（b）所示，可清晰地看出当天 6 点至 18 点的小时发电量，可灵活地选择目标数据，并对比显示。

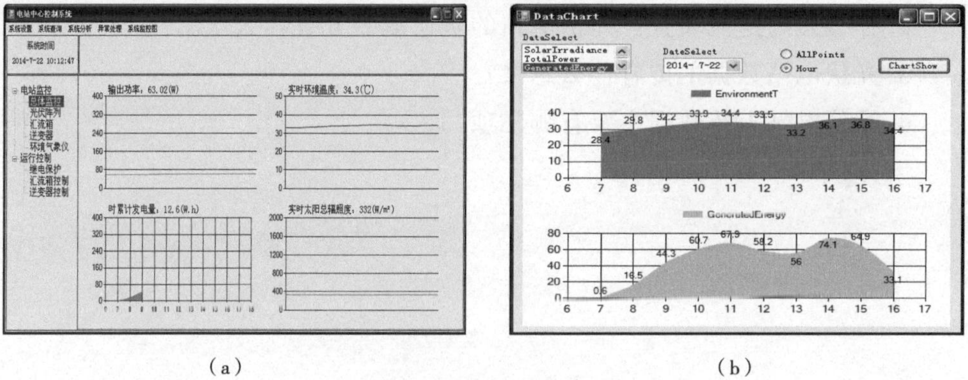

（a）　　　　　　　　　　　　（b）

图 5.27　监控系统界面

本章小结

在太阳能光伏发电系统中，为了减少太阳能光伏电池阵列与逆变器之间的连线，用户可以将一定数量、规格相同的光伏电池串联起来，组成一个个光伏串列，然后再将若干个光伏串列并联接入智能光伏汇流箱，在智能光伏汇流箱内汇流后，通过直流断路器输出，与光伏逆变器配套使用从而构成完整的光伏发电系统，实现与市电并网。

如何选型光伏系统中的防逆流装置，针对低压配电网侧的光伏并网发电系统，一般认为光伏发电功率不大于并网侧上级配电变压器容量的20%是合适的。光伏逆变器在将光伏组件产生的直流电变换成交流电时，会夹杂有直流分量和谐波、三相电流不平衡、输出功率不确定性等，目前基本没有采取有效的治理手段，因此，当有发电功率送往公用电网时，就会对电网产生谐波污染，易造成电网电压波动 、闪变等，如果有许多这样的发电源向电网输电时，会导致电网电能质量严重下降。 所以这类光伏发电系统必须配套加装防逆流设施，来防止逆功率的发生。

光伏电站监控就是将光伏电站的逆变器、汇流箱、辐照仪、气象仪、电表等设备通过数据线连接起来，用光伏电站数据采集器采集这些设备的数据，并通过GPRS、以太网、WiFi等方式上传到网络服务器或本地电脑，使用户可以在互联网或本地电脑上查看相关数据，方便电站管理人员和用户对光伏电站的运行数据查看和管理。

本章习题

1. 光伏电站汇流箱的作用是什么？
2. 什么是防逆流装置？光伏电站的防逆流装置有什么作用？
3. 光伏电站数据上传有什么意义？
4. 光伏电站上传数据主要有哪几项？

第6章 太阳能电池组件建筑一体化应用实例

光伏板与建筑一体化（Building Integrated Photovoltaic，BIPV）是“建筑物产生能源”新概念的建筑，是利用可再生能源（太阳能）的建筑。光伏板与建筑的结合有两种方式：一种是光伏系统以附加的形式与建筑相结合；另外一种是光伏板以建材的形式与建筑相结合，即光伏板制成建筑构件，既可以当建材使用，又能利用太阳能资源发电。所谓太阳能光伏建筑一体化不是简单的相加，而是根据节能、环保、安全、美观和经济实用的整体要求，将太阳能光伏发电作为建筑的一种体系进入建筑领域，纳入建设工程基本建设程序，同步设计、同步施工、同步验收，与建设工程同时投入使用。同步后期管理，使其成为建筑有机组成部分的一种理念、一种设计、一种工程的总称。

6.1 太阳能光伏建筑一体化原则与优点

6.1.1 太阳能光伏建筑一体化原则

（1）生态设计理念向常规建筑设计的渗透：建筑本身应该具有美学形式，而光伏系统与建筑的整合使建筑外观更加具有魅力。在建筑中使用光伏板不仅很好地利用了太阳能， 极大地节省了建筑对能源的使用，而且还丰富了建筑立面设计和立面美学。BIPV 设计应以不损害和影响建筑的效果、结构安全、功能和使用寿命为基本原则，任何对建筑本身产生损害和不良影响的 BIPV 设计都是不合格的设计。

（2）传统建筑构造与现代光伏工程技术和理念的融合：引入建筑整合设计方法，发展太阳能与建筑集成技术。建筑整合设计是指将太阳能应用技术纳入建筑设计全过程，以达到建筑设计美观、实用、经济的要求。BIPV 首先是一个建筑，它是建筑师的艺术品， 其成功与否关键一点就是建筑物的外观效果。建筑应该从规划设计阶段开始， 就要将太阳能系统包含的所有内容作为建筑不可或缺的设计元素加以考虑，巧妙地将太阳能系统的各个部件融入建筑之中进行一体化设计，使太阳能系统成为建筑组成不可分割的一部分，达到与建筑物的完美结合。

（3）关注不同的建筑特征和人们的生活习惯，合适的比例和尺度：PV板的比例和尺度必须与建筑整体的比例和尺度相吻合，与建筑的功能相吻合，这将决定PV板的分格尺寸和形式、PV板的颜色和肌理必须与建筑的其他部分相和谐，与建筑的整体风格相统一，例如，在一个历史建筑上，PV板集成瓦可能比大尺度的PV板更适合，在一个高技术的建筑中，工业化的PV板更能体现建筑的性格。

（4）保温隔热的围护结构技术与自然通风采光遮阳技术的有机结合：精美的细部设计不只是指PV屋顶的防水构造，而要更多关注的是具体的细部设计，PV板要从一个单纯的建筑技术产品很好地融入建筑设计和建筑艺术创作之中。

（5）光伏系统和建筑是两个独立的系统，将这两个系统相结合，所涉及的方面很多，要发展光伏与建筑集成化系统，并不是光伏制作者能独立胜任的，必须与建筑材料、建筑设计、建筑施工等相关方面紧密配合，共同努力，才能成功。

（6）建筑的初始投资与生命周期内光伏工程投资的平衡：综合考虑建筑运营成本及其外部成本，建筑运营体现在建筑物的策划、建设、使用及其改造、拆除等全寿命周期的各种活动中，建筑节能技术、太阳能技术以及生态建筑技术对于建筑运营具有重要影响。不仅要关注建筑初期的一次投资，更应关注建筑的后期运营和费用支出。不但要满足民众的居住需求，也要关注住房使用的耗能支出。另外，还应考虑二氧化碳排放等外部环境成本的增加等。

（7）为了适应BIPV产业飞速发展的形势，保证中国BIPV光伏产业的健康发展，满足国家建设和终端消费的需要，建议由国家发改委、国家认证中心建立中国太阳能光伏建筑一体化认证体系和认证制度。

6.1.2 太阳能光伏建筑一体化优点

建筑能耗大约占社会总能耗的1/3，光伏与建筑结合可以有效地减少建筑能耗，不论从建筑、技术或经济角度出发，太阳能光伏与建筑一体化均有诸多优点：

（1）可以有效利用围护表面（屋顶和墙面），无需额外用地或加建其他设施，节省了土地资源，这对于人口密集、土地昂贵的城市建筑尤为重要；好的集成设计会使建筑物更加洁净、美观，容易被建筑师、用户和公众所接受。

（2）可原地发电、原地使用，减少电能运输过程的费用和能耗；降低施工成本、不需要能量储存设备、在用电地点发电避免或减少了输配电损失等，能够迅速地推广；依据用户的使用频率，光伏发电系统能够带来可观的经济效益；在电网用电高峰期，光伏系统除保证自身建筑内用电外，还可以向电网供电，可缓解高峰电力需求，解决电网峰谷供需矛盾，具有极大的社会效益。

（3）通常夏季由于空调、制冷等设备的使用，形成用电高峰，而这时也是光伏方阵发电最多的时期，BIPV 系统除保证自身建筑内用电外，还可以向电网供电，从而舒缓高峰电力需求，解决电网峰谷供需矛盾。还能提供并网支持，尤其是在夏季有负荷的地区，创造了一种多样的且可恢复的能源系统，具有极大的社会效益。

（4）由于所利用的区域是建筑的一部分，不需要增加安装部件的成本；避免了放置光电阵列额外占用宝贵的建筑空间，与建筑结构合一，省去了单独为光电设备提供的支撑结构；使用新型建筑维护材料，节约了外装饰材料，使建筑外观更有魅力；由于光伏阵列安装在屋顶和墙面上，并直接吸收太阳能，避免了墙面温度和屋顶温度过高，因此可以改善室内温度，并且降低空调负荷。

（5）利用太阳能光伏发电减少了由于化石燃料发电所带来的严重空气污染，无污染、不需占用昂贵的土地，对于房地产商来说，可以作为楼盘销售的卖点；这对于环保要求更高的今天和未来极为重要。

（6）在建筑围护结构上安装光伏阵列，可推动光伏组件的应用和批量生产，进一步降低其市场价格。

（7）如把光伏电池阵列墙作为建筑物的玻璃幕墙，可减少建筑物的整体造价。当然，对光伏器件来说，同时还应具有建材所要求的绝热保温、电气绝缘、防水防潮且具有一定强度及刚度，若作为窗户材料，还要有一定的透明度等。

6.2 太阳能光伏与建筑一体化主要形式

光伏建筑一体化适合大多数建筑，如平屋顶、斜屋顶、幕墙、天棚等形式都可以安装。表 6.1 和表 6.2 是 BIPV 的主要应用形式及其特点。

表 6.1 光伏组件与建筑结合主要形式

序 号	BIPV 形式	组件材料和安装形式
1	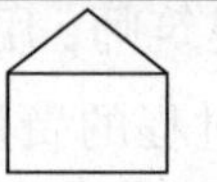	采用光伏瓦或透明玻璃光伏组件作为建筑材料安装在新建建筑物的倾斜屋顶上
2	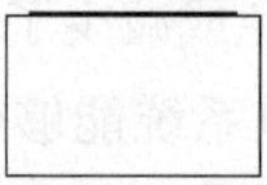	采用光伏瓦或透明玻璃光伏组件作为建筑材料安装在新建建筑物的平面屋顶上
3	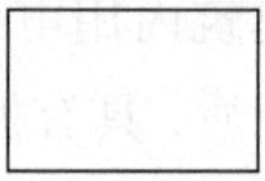	采用双层玻璃透明光伏组件作为幕墙或窗户装在建筑物南立面墙上
4		采用普通光伏组件安装在原有建筑或新建建筑的斜面屋顶上
5	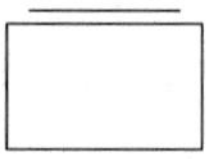	采用普通光伏组件安装在原有建筑或新建建筑的平面屋顶上
6	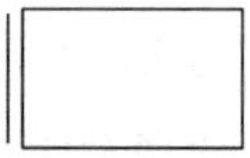	采用普通光伏组件安装在原有建筑或新建建筑的南立面墙上
7	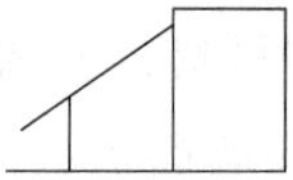	采用普通光伏组件作为遮阳和防雨顶棚、面向南安装在建筑物或车棚等处
8	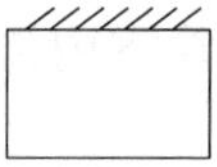	采用普通光伏组件利用带有倾角的光伏支架安装在各类屋顶上

表 6.2 光伏建筑一体化形式的特点

序 号	形 式	光伏组件要求	建筑要求	类 型
1	光伏屋顶（天窗）	通明光伏组件	有采光要求	集成
2	光伏屋顶	光伏屋面瓦	无采光要求	集成
3	光伏幕墙（或窗）	透明光伏组件	透明幕墙	集成
4	光伏幕墙	非透明光伏组件	非透明幕墙	集成
5	光伏遮阳板	透明光伏组件	有采光要求	集成
6	光伏遮阳板	非透明光伏组件	无采光要求	集成
7	屋顶光伏电站	普通光伏组件	无	结合
8	墙面光伏电站	普通光伏组件	无	结合
9	光伏 LED 幕墙	LED 光伏组件	有无采光均可	结合或集成
10	光伏 LED 天幕	LED 光伏组件	有无采光均可	结合或集成

6.2.1 光伏屋顶

1. 光伏采光顶（天窗）

发电效果一般，是光伏玻璃组件集建筑效果、采光、遮风挡雨组合而成的，还要兼顾结构强度。组件采用透明，建筑有采光要求，对发电量要求不高的应用场合。如图 6.1 所示。

图 6.1 光伏屋顶（天窗）

2. 平屋顶

从发电角度看，平屋顶经济性是最好的（图 6.2）：

（1）可以按照最佳角度安装，获得最大发电量。

（2）可以采用标准光伏组件，具有最佳性能。

（3）与建筑物功能不发生冲突。

（4）光伏发电成本最低，从发电经济性考虑是最佳选择。

图 6.2 光伏建筑 - 平顶屋

3. 斜屋顶

南向斜屋顶具有较好经济性（图 6.3），其他方向（偏正南）次之：

（1）可以按照最佳角度或接近最佳角度安装，因此可以获得最大或者较大发电量。

（2）可以采用标准光伏组件，性能好、成本低。

（3）与建筑物功能不发生冲突。

（4）光伏发电成本最低或者较低，是光伏系统优选安装方案之一。

图 6.3 光伏建筑 – 斜顶屋

6.2.2 光伏幕墙

如图 6.4 所示，光伏幕墙要符合 BIPV 要求，除发电功能外，要满足幕墙所有功能要求，包括外部维护、透明度、力学、美学、安全等，组件成本高，光伏性能偏低；要与建筑物同时设计、同时施工和安装，光伏系统工程进度受建筑总体进度制约；光伏阵列偏离最佳安装角度，输出功率偏低；发电成本高；为建筑提升社会价值，带来绿色概念的效果。

图 6.4 光伏幕墙

1. 光伏透明幕墙（天窗）

要求透明光伏组件构成透明幕墙，如图 6.5 所示。

图 6.5 光伏透明幕墙

2. 光伏嵌入玻璃幕墙

如图 6.6 所示，半透明光伏组件为幕墙应用提供了广泛的空间。晶体太阳能模块的透明度取决于各电池之间的距离，电池彼此间靠得越近，面板总的光伏输出就越高。另外，一个非常紧密的电池排列可削减进入建筑物的日照量，反过来又可降低夏季因制冷 / 空调消耗的能量。但建筑师通常不考虑优化光伏幕墙的效率，反而倾向于更高的用户舒适度。

图 6.6 光伏嵌入玻璃幕墙

3. 光伏幕墙

要求非透明光伏组件构成非透明幕墙，如图 6.7 所示。

图 6.7 非透明光伏幕墙

6.2.3 光伏遮阳板

光伏遮阳板在发电的同时有效地减少了夏季室内空调负荷，光伏遮阳板在建筑不同朝向以不同倾角舜口宽度安装时，系统的遮阳和产电的综合节能效果与角度有关，当光伏遮阳板倾角从0° ~ 40° 变化时建筑节能量增加幅度不同，是一种经济型能发电的室外遮阳系统。

1. 光伏透明遮阳板

要求透明遮阳板光伏组件构成透明遮阳板，如图6.8所示。

（a）透明遮阳板构成发电墙

（b）透明遮阳发电窗

图6.8 光伏透明遮阳板

2. 光伏非透明遮阳板

要求用非透明遮阳板光伏组件构成光伏非透明遮阳板，如图6.9所示。

图6.9 光伏非透明遮阳板

6.2.4 光伏天棚

如图6.10所示，光伏天棚要求透明组件，组件效率较低；除发电和透明外，天棚构件要满足一定的力学、美学、结构连接等建筑方面要求，组件成本高，发电成本高，为建筑提升社会价值，带来绿色概念的效果。

图 6.10 光伏天棚

集成太阳能光伏屋顶在施工难度上较独立形式要复杂一些，美国纽约市的 stillwell 地铁站屋顶以及台湾龙腾体育馆采用了这种形式（图 6.11）。

（a）stillwell 地铁站

（b）台湾龙腾体育场

图 6.11 光伏采光顶案例

光伏采光顶主要在一些大型公建中应用，如青岛火车站站场顶部采光顶以及柏林火车站都采用了这种形式（图 6.12）。

（a）青岛火车站

（b）柏林火车站

图 6.12 光伏采光顶案例

屋面是各种光伏组件安装的最佳场所，源于有其独特的优势。

6.2.5 屋顶光伏电站

如图 6.13 所示，水平太阳能光伏并网应用与建筑相结合的应用技术，建筑屋顶的视线较高，适当安排光伏设备能够很好地将光伏设备隐藏在建筑屋顶中。

从光伏技术角度去考虑：

（1）建筑屋顶处于建筑的最高部位，几乎没有建筑遮挡和朝向的问题。

（2）建筑屋顶在建筑中所占的面积是很大的，所以在屋顶上安装光伏设备能够最大化地接收太阳辐射。

（a）斜面屋顶电站　　（b）平顶屋顶电站

图 6.13　屋顶光伏电站

从建筑艺术角度去考虑：

（1）屋顶作为建筑的第五立面，一直以来是建筑造型中重点处理的位置，从我国古代建筑的屋顶等级划分到赖特草原住宅的大屋顶直到如今现代风格建筑，屋顶在建筑中一直是一个重要的设计要素。光伏材料的出现，将给建筑带来新的元素，必将会给建筑屋顶带来一次革命。

（2）在无法与建筑实现完美一体化的情况下，光伏设备将对建筑外观带来一定的影响，建筑屋顶能够很好地解决这个问题。

（3）屋顶安装光伏设备相对于建筑其他部位更有利于日常维护。

如图 6.14 所示，光伏电池在建筑的不同部位有不同的发电效率，可见屋顶的发电效率远大于建筑其他部位。

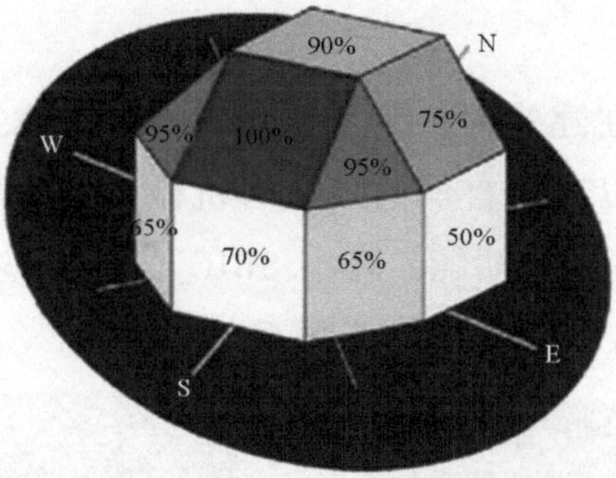

图 6.14 建筑各部位发电效率

虽然相对于其他安装形式，光伏屋顶形式有许多优势，但是光伏装置在屋顶的安装也可能会对建筑结构造成一定的影响，在计算建筑负荷时，应将光伏装置计算在内。此外，屋顶光伏系统还应做好防雷电的措施。

6.2.6 墙面光伏电站

光伏在墙面上的应用主要是以光伏幕墙的形式出现，光伏幕墙是指将光伏组件设置在建筑的围护结构之外或直接取代建筑围护结构，实现光伏发电与建筑物有机结合的一种方式。可进一步将光伏幕墙分为以下两种形式：

1. 单层光伏幕墙

光伏组件与建筑墙体或窗户相结合直接替代建筑围护结构的系统，根据设计需要，可以用透明、半透明和普通的透明玻璃结合使用，创造出不同的建筑立面和室内光影效果。奥运会期间国家体育馆南立面的光伏幕墙采用了单层幕墙形式（图 6.15）。

图 6.15 单层幕墙案例及国家体育馆

2. 双层光伏幕墙

将光伏组件设置在建筑围护结构的外表面，与建筑围护结构之间存在一定厚度的空气层，可以通过自然通风或者机械辅助通风的方式，实现提高电力输出、遮阳与隔热等多种功能。日本 SBIC 东京总部大楼以及北京辉煌净雅大酒店均采用了双层玻璃幕墙技术（图 6.16）。

（a）SBIC 总部大楼　　（b）辉煌净雅大酒店

图 6.16　双层玻璃幕墙案例

单层光伏幕墙和双层光伏幕墙的构造图如图 6.17 所示。

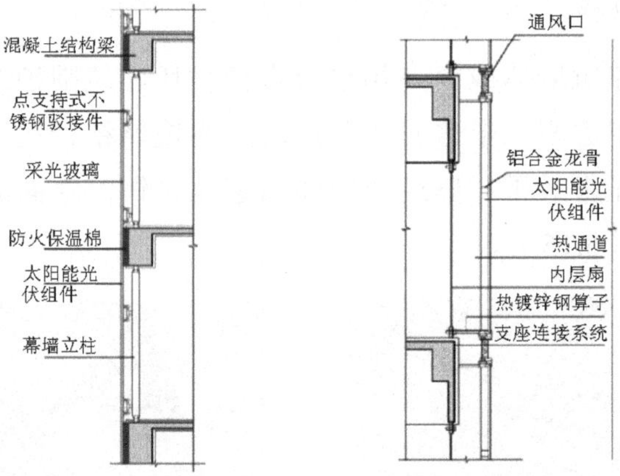

（a）单层光伏幕墙　　（b）双层光伏幕墙

图 6.17　光伏幕墙结构（来自国家建筑标准设计图集 10J908-5）

光伏幕墙的优点如下：

（1）墙面的太阳能光伏板直接呈现在人们的视眼中，建筑整体形象与光伏板的色彩及外观有直接关系，立面可以充分利用光伏组件具有一定透光性的特点，选用不同透光性的光伏组件创造出立面的多层次的效果以及室内多变的光影效果，处理得当可使建筑现代感十足。

（2）非晶硅光伏幕墙反光率为 3%~7%，小于普通玻璃幕墙 10%~35% 的反光率，能有效减少光伏幕墙建筑所带来的城市光污染问题。

（3）对于双层光伏幕墙来说，光伏幕墙系统中太阳能光伏板独立于建筑外围护结构，具有遮阳、隔热作用，降低了墙体的壁温，改善室内环境的舒适性，同时又能够减少建筑围护结构的得热量，降低室内的空调运行负荷，减少外界噪声的影响，改善建筑围护结构的隔音效果。

其不足之处主要有以下几个方面：

（1）考虑到建筑采光要求，光伏幕墙系统的电池组件一般采用透光效果好的非晶硅电池，发电效率明显不高，并且会受到现有建筑遮挡使得建筑上可安装电池板的面积十分有限。

（2）墙体上安装电池板会对建筑的室内采光造成影响，因此大面积的光伏幕墙较多地应用在商业建筑中，建筑类型局限较大。

（3）如果双层幕墙设计不当，气流通道中的空气温度会过高，不仅会影响光伏组件的寿命和发电性能，还会导致室内过热，增加空调的运行负荷，降低室内环境的舒适性。

（4）玻璃幕墙在建筑围护结构中是热交换最活跃、最敏感的部位，对于单层光伏幕墙来说，其热交换损失要比混凝土或砖混砌体大 5 至 6 倍。目前相关光伏生产商在光伏组件玻璃盖板的材质上做了许多尝试，如采用 LOW-E 玻璃、热反射玻璃等，但是目前并不能达到保证光伏发电效率和减少与室内热交换的双赢效果。

6.2.7 光伏 LED 幕墙

在幕墙行业之中，具备发电功能的光伏幕墙格外引人注目。光伏幕墙通常是将光伏与 LED 照明组合，太阳能玻璃幕墙技术是当今世界建筑业与太阳能利用相结合的发展大趋势。

外墙采用透明太阳能玻璃幕墙，将太阳能转换为电能，既起到普通幕墙的装饰、采光、隔音隔热作用，又能为大厦公共走廊、地下车库、室外景观与道路、楼体亮化等提供照明电源。照明采用 LED，节能效果明显。太阳能光伏发电幕墙、LED 彩显幕墙等光伏多媒体幕墙如图 6.17 所示。

图6.18 北京辉煌净雅酒店

如图6.18所示，整个工程的最大特点是墙体采用太阳能电池板和LED灯，白天的时候太阳能电池板将太阳能存储为电能，在每块玻璃板的后面加装LED灯，用于晚上外幕墙的灯光效果，所有LED灯所用的电能均来自于白天太阳能电池板产生的电能，大大节约了能源，LED灯光通过电脑控制，在外幕墙表现出各种图像，增加了建筑的艺术效果。整幢建筑的表面提供先进的可持续能源技术，这一媒体墙将为北京市提供一个数字媒体艺术的集结地。项目为光伏多媒体幕墙，目前为世界上最大的彩色液晶显示屏和中国第一套集成到玻璃幕墙的光电系统。

6.2.8 光伏LED天幕

LED多媒体动态幕墙和天幕，是将LED技术与幕墙、屋面系统相结合的产物，太阳能光伏发电技术能与LED结合的关键在于两者同为直流电，电压低且能容易匹配。因此，两者的结合不需要将太阳能电池产生的直流电转化为交流电，太阳能电池组直接将光能转化为直流电能，通过串、并联的方式任意组合，可得到LED实际需要的直流电，再匹配对应的蓄能电池便能实现LED照明的供电和控制。无需传统的复杂逆变装置进行供电转换，因而这种系统将获得很高的能源利用效率，较高的安全性、可靠性和经济性。太阳能电池与半导体照明LED一体化是太阳能电池和LED技术产品的最佳匹配，是集发电、照明、多媒体、建筑节能、动态幕墙和动态天幕为一体的新技术。如图6.19所示。

图 6.19 天幕夜晚多媒体动态图像图

6.3 光伏构件形式

光伏构件的形式主要是指光伏组件在建筑遮阳、雨棚、阳台和其他建筑元素中的应用，可达到一物多用，有效增加了建筑物布置光伏组件的面积。

1. 光伏遮阳形式

建筑遮阳能有效阻止太阳直接辐射到建筑室内，特别是在窗户外布置遮阳措施，能减少室内地面、家具等吸热，减少室内温度的升高，降低建筑空调负荷。光伏遮阳利用光伏组件作为遮阳材料，可将太阳能转化成电能供建筑使用。光电板作为一种新型的建筑遮阳构件，还可以节约遮阳材料，美化建筑外观。此外，可以将光电板的安装角度布置成与太阳辐射角度垂直，有利于光电板最大限度地接收太阳辐射，提高光电转化效率。光伏遮阳的构造如图 6.19 所示。

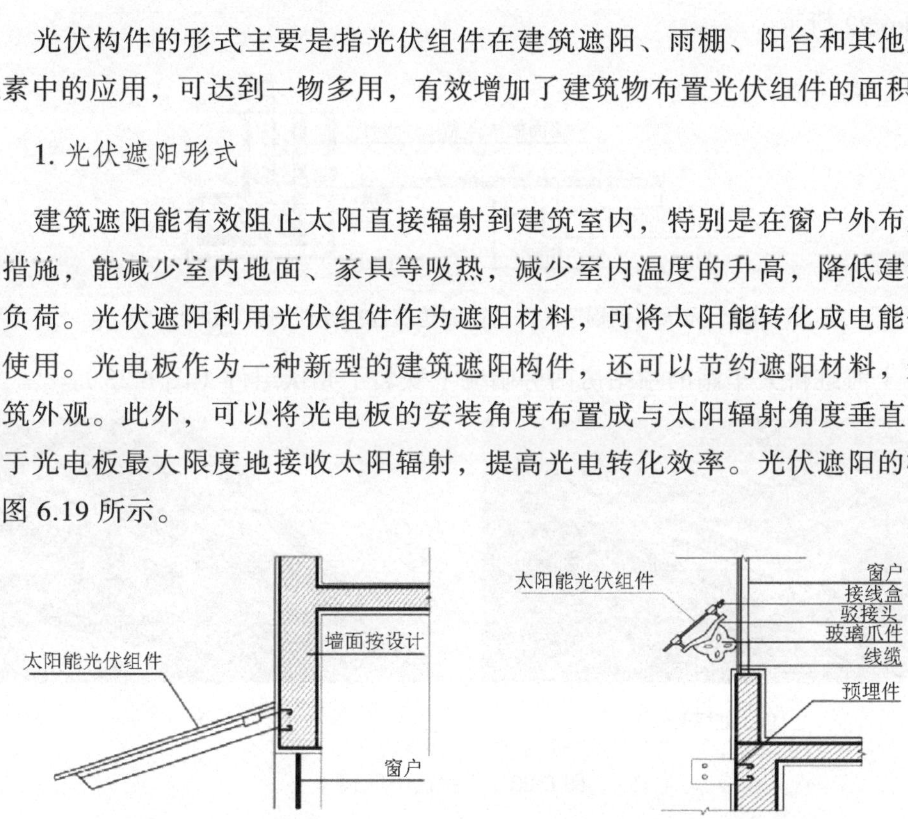

图 6.20 光伏遮阳构造（来自国家建筑标准设计图集 10J908-5）

中国台湾台南县政府办公大楼的外遮阳便采用了光伏遮阳技术（图6.21）。

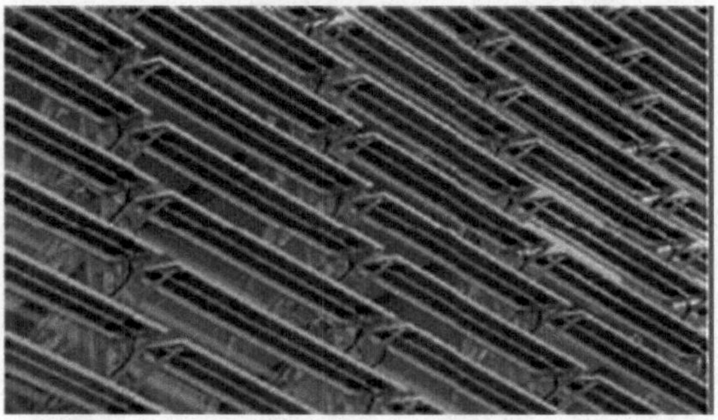

图6.21 台南县政府办公大楼

2. 光伏雨棚

雨棚一般位于建筑入口处，是建筑从室内到室外的延伸，能起到遮风挡雨的作用。雨棚是光伏技术利用的一个良好场所，特别是能被太阳所照射到的东、南、西三面的雨棚，都具备安装太阳能组件的条件。光伏雨棚的构造如图6.22所示。

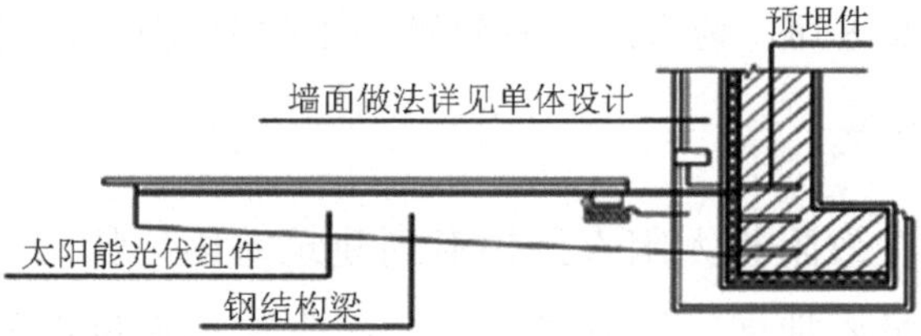

图6.22 光伏雨棚构造（来自国家建筑标准设计图集10J908–5）

上海虹桥火车站的主站房两旁雨棚上安装了光伏组件（图6.23）。

（a）虹桥火车站

（b）

图6.23 光伏遮阳形式

（c）

续图 6.23

3. 光伏阳台

阳台一般都是突出于建筑物围护结构之外，很少受到建筑物自身的遮挡，可以直接接收到太阳辐射，是安装光伏组件的良好场所，并且利用光伏组件材质以及颜色的不同能给建筑立面带来活泼生动的效果。光伏阳台的构造如图 6.24 所示。

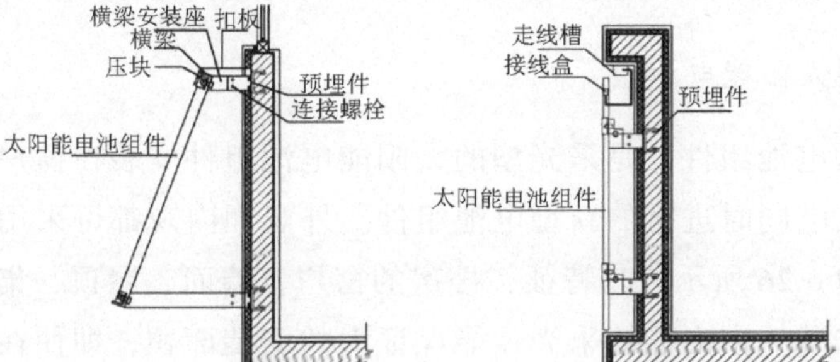

图 6.24 光伏阳台构造（来自国家建筑标准设计图集 10J908-5）

根据微逆的特点，不同大小的阳台可以安装不同容量的光伏发电系统，甚至一块电池板也可以发电，直接安装在阳台外面更有效地利用阳台资源，不会占用室内空间，安装简单，还可以起到隔热作用。某住宅在阳台上安装了光伏组件如图 6.25 所示。

光伏构件的优点如下：

（1）将光伏组件与建筑构件相结合，极大扩展了光伏组件与建筑结合的方式，增大了建筑安装光伏的面积，并且对建筑的结构影响不大。

（2）构件的角度设计合理，可以保证与太阳高度角垂直，有利于电池板最大限度地接收太阳辐射，提高光电转化效率。

（3）建筑构件利用太阳能电池板可起到点缀建筑物的作用，给建筑外观增色不少。

不足之处如下：

（1）构件面积小，光伏系统发电量不足以满足建筑需求。

（2）因为光伏构件处于建筑外围护，所以在走线上应做好处理，避免电线裸露在外面。

图6.25 光伏阳台

6.4 太阳能电池组件在公共建筑上应用实例

1. 透光型太阳能电池组件

“透光型电池组件”是采光型的太阳能电池组件安装在窗户和天窗等部位，采光和发电同时进行的新型电池组件。外观和内观都可采用过去没有的新设计，如图6.26所示。其特征：楼房的窗户、墙面、屋顶、集中住宅的阳台等处可以安装，室内能够采光；能保证大的安装面积；即使在室内，因为采用了强化玻璃，安全性高。用原来窗户的零件就可以施工。

（a）日本馆　　（b）透光型电池组件应用

图6.26 透光型太阳能电池组件及其构成建筑

2. 高层楼采用的太阳能电池组件

因高层楼房用的太阳能组件具有高的耐风压及耐冲击性，高层大楼安装高层用太阳能电池组件，如图 6.27 所示。其特征：可在约高 100m 的高层大楼墙面及屋顶上安装；采用厚 6mm 的无色透明平板增强玻璃，确保高透光率 (87%) 和耐冲击性。

图 6.27 高层建筑采用太阳能电池组件实例

3. 金属幕墙式太阳能电池组件

用热处理玻璃和铝材保护的新型电池组件，有很好的刚性，可实现创意新建筑，如图 6.28 所示。其特征：正面用无色透明平板热处理玻璃，背面用挤压铝型材作保护的幕墙式的电池组件；即使是细长形状也能保证刚性，可以和原来的金属幕墙同样方式施工；隐蔽墙、栏杆等处可垂直方向安装，体现了建筑构思的高自由度。

图 6.28 金属幕墙式太阳能电池组件实例

4. 屋顶材料一体型太阳能光伏发电系统

具有太阳能光伏发电功能的高级屋顶材料，特别易于设计，也可加工月拱形，如图6.29所示。其特征：屋顶基本的功能基础上增设时应与原建筑协调；太阳能电池是用氟树脂分层的非太阳能电池，无反射公害；顶上无支架等妨碍物，泥沙和灰尘自然地由雨水冲刷。

图6.29 屋顶材料一体型太阳能光伏发电系统

5. 建材型太阳能光伏发电系统

将透明非晶硅太阳能电池作为大型多层结构组件实用化的产品，是一种采光的同时能发电的“太阳能电池的窗户”，如图6.30所示。其特征：与原来的夹层玻璃型相比可以制造更大面积的组件；因为多层结构所以有好的隔热效果，透过夹层玻璃可以看到窗外景色；把直射光经柔和处理后采光，同时可以发电，所以作为高楼的窗户等较适合。

(a) (b)

图6.30 建材型太阳能光伏发电系统

(c)　　　　　　　　　　(d)

续图 6.30

6. 平板屋顶型电池组件

概要：在建筑物屋顶上水平安装的太阳能电池，特点是薄而轻，而且不受很大的风压，有结晶和薄膜两种，如图 6.31 所示。其特征：是普及性高的光伏系统，由于应用了“等压原理”，减轻了 1/2 ~ 1/3 的风压；由于平面安装，使有效面积减少多 30%。

图 6.31　平板屋顶型电池组件的施工实例

7. 金属基础式屋顶材料一体型电池组件

概要：是在金属屋顶材料上组合太阳能电池的一体型屋顶材料，由于采用彩色太阳能电池板，所以易与周围协调，如图 6.32 所示。其特征：使用了与屋顶的颜色一致的彩色太阳能电池单元，与横钢板屋顶材料同样方式安装，由于是建材一体型，不使用专门支架等，可选择屋顶的原材料。

图 6.32 金属基础式屋顶材料一体型电池组件

8. 玻璃基础式壁材一体型电池组件

在大型建筑物中使用，创意性和耐候性好的太阳能电池组件，如图 6.33 所示。其特性：在铝制幕墙内镶入电池组件；为了防止组件表面的反射光，采用了进行过防止反射处理的玻璃；使因自身阴影造成的输出功率降低控制在最小限度，每块组件由多个回路组成。

图 6.33 玻璃光伏幕墙基础式壁材一体型电池组件

9. 幕墙及栏杆组合式玻璃型太阳能电池组件

在影院的幕墙部位及栏杆部位安装了夹层玻璃型太阳能电池组件，如图 6.34 所示。其特征：幕墙部位是夹层玻璃单晶单元式，被安装在耐火嵌板的前面；布线是在耐火嵌板的背面接线；杆部位是带框夹层玻璃单晶单元式，配线在下框内，从外部看不到电线；其影子也有具有可观性、审美性。

（a）光伏采光顶

（b）光伏门窗

（c）光伏护栏

图 6.34 幕墙及栏杆组合式玻璃型太阳能电池组件

10. 建材屋顶一体型太阳能电池组件

是“建材一体型系统”，应采用不燃材料认定的太阳能电池，如图6.35所示。其特征：太阳能电池和硅酸钙板组装在一起的复合结构，和幕墙的骨架组合使用，采用非晶硅太阳能电池。

图 6.35 建材屋顶一体型太阳能电池组件

本章小结

本章介绍了光伏建筑一体化发展的现状，主要讨论了光伏建筑一体化的形式与设计要素。根据相关规范，光伏建筑一体化（BIPV）技术是将太阳能发电产品集成到建筑上的技术，光伏建筑一体化是太阳能发电应用的一种新概念，是“在建筑上安装光伏系统，并通过专门设计，实现光伏系统与建筑的良好结合”。

光伏建筑一体化形式主要包括：光伏屋顶、光伏幕墙、光伏遮阳板、屋顶光伏电站、墙面光伏电站、光伏 LED 幕墙及天幕等。

太阳能光伏组件与建筑的关系：太阳能光伏组件的类型应根据光伏组件的安装位置、倾斜角度及所在地区的环境等因素确定。新建光伏系统工程的设计要与建筑设计同步进行，统一规划，同时设计、同步施工。在既有建筑上安装光伏系统，还应满足建筑围护结构安全、电气安全等要求。光伏组件的选型设计应与建筑相结合，在综合考虑发电效率、发电量、电气和结构安全、适用、美观的前提下，应优先选用建材型光伏构件，并应与建筑模数相协调，满足安装、清洁、维护和局部检修更换的要求。

本章习题

1. 太阳能光伏建筑一体化建筑工程设计应注意哪几个问题？
2. 薄膜太阳能光伏电站安装注意事项有哪些？
3. 太阳能电池组件在住宅应用注意事项有哪些？
4. 什么是 BIPV?

第 7 章　光伏建筑一体化设计原则

太阳能光伏组件的类型应根据光伏组件的安装位置、倾斜角度及所在地区的环境等因素确定。新建光伏系统工程的设计要与建筑设计同步进行，统一规划，同时设计、同步施工。在既有建筑上安装光伏系统，还应满足建筑维护、结构安全、电气安全等要求。光伏组件的选型设计应与建筑相结合，在综合考虑发电效率、发电量、电气和结构安全、适用、美观的前提下，应优先选用建材型光伏构件，并应与建筑模数相协调，满足安装、清洁、维护和局部检修更换的要求。

7.1　光伏建筑一体化设计原则

光伏建筑一体化的设计原则主要包含四个方面的内容：整体性原则、美观性原则、技术性原则、安全性原则。

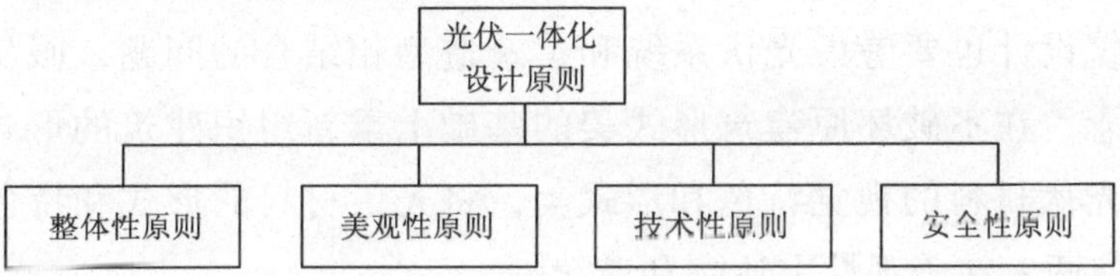

图 7.1　光伏一体化设计原则

7.1.1　整体性原则

光伏建筑一体化不是光伏发电系统与建筑物的简单叠加，而建筑从开始设计之时，即将太阳能系统包含的所有内容作为建筑物不可或缺的设计元素加以考虑，巧妙地将太阳能系统的各个组件融入建筑之中，二者互相结合，形成了多功能的建筑件，成为建筑物不可分割的一部分。

这需要技术和美学协同进行，使建筑物与太阳能技术有机结合，统一设计、建造、调试。

图 7.2 所示是北京火车南站采用的中央采光天窗系统，设置在中央站房

的中心位置，是集采光、发电为一体的光伏建筑一体化设计。工程根据中央屋面的结构特点，采光带采用隐盖加装饰盖的形式，光伏组件的连接导线隐藏在盖板下，既确保了整个天窗的密封性，又便于排水。整个中央采光天窗系统包含1754块光伏组件，分为36个子系统，分布在最长约400m，最宽约50m的双曲面屋顶上，整个系统的总功率为313.4kWp。

图7.2 北京火车南站的中央天窗采光系统

7.1.2 美观性原则

光伏建筑一体化系统不仅要保持建筑的整体性与统一性，同时还要特别突出视觉和艺术的统一，将光伏发电系统与建筑物的结构相结合形成统一的整体。建筑设计也要考虑光伏系统和建筑造型相结合的问题，服从建筑的整体设计理念，在不破坏原建筑形式美的基础上重新组织建筑的形式和秩序，充分发挥光伏材料的视觉特色和形式美，将光伏材料的形式和特色与建筑有机结合，使两者在美观性上达到和谐统一。

例如深圳国际园林花卉博览园1MWp并网光伏电站（图7.3），分为五个子系统，分别安装在四个场馆（综合展馆、花卉展馆、游客服务管理中心和南区游客服务中心）及北区东山坡，除北区东山坡光伏组件的安装倾角23°与坡面基本一致之外，其余四个建筑物屋顶光伏组件安装均与屋顶结构密切配合，对称布局，保持屋顶的风格和美观。

图 7.3 深圳国际园林花卉博览园 1MWp 并网光伏电站

7.1.3 技术性原则

光伏建筑一体化系统除了关注整体性与美观性外，还要注重技术性。如果说美观性主要从建筑方面来考虑，那么技术性主要从光伏系统来考虑，也就是说光伏系统有其本身的技术原则要遵守：

（1）建筑物的周边环境，应尽量避开或远离遮荫物。

（2）在兼顾建筑物的前提下，确定最优的太阳能电池组件朝向及倾角。

（3）要尽量保证太阳能电池组件通风良好。

（4）根据建筑形态及组件大小确定组件布局方案，进而确定逆变器。

（5）合理设计，尽量减少电缆长度。

7.1.4 安全性原则

太阳能电池组件在屋面安装时对屋顶荷载的影响，包括太阳能电池板自身荷载和抗风、抗冰雹冲击能力等工程应用问题，如图 7.4 所示。此外，当选用光伏建筑一体化组件时，除了具备发电功能外，还需考虑光伏组件的结构功能，如防水、保温、坚固耐用，保证光伏建筑一体化系统安全可靠。

图 7.4 光伏一体化综合应用

7.2 光伏与建筑结合设计要点

光伏建筑一体化是光伏系统依附于建筑的一种新能源利用体系，设计的主体是建筑，客体是光伏系统。因此，光伏建筑一体化设计的基本原则是不损害建筑的职能、结构安全、效果和使用寿命。

光伏发电建筑一体化的设计，首先要对建筑物所处的地理气候条件及太阳能的资源情况进行分析；其次要考虑选用 BIPV 的建筑部分接受太阳能的具体条件，即建筑物的周边环境条件；最后是考虑与建筑物外表装饰的协调，画龙点睛的 BIPV 设计会使建筑物更加富有生机。光伏建筑一体化的具体要求如表 7.1 所示。

表 7.1 光伏建筑一体化设计要点

主要环节	内 容	备 注
组件要求	与平板太阳能电池不同的是，应兼有发电和建材的双重功能；满足绝缘、抗风、防雨、透光和美观的要求，还具有强度、刚度，便于施工安装及运输等。根据工程需要，开发研制多种颜色太阳能电池组件，使建筑物与周围环境趋于协调	满足建筑性能要求的屋面瓦、外墙、窗户等和具有矩形、三角形、菱形和梯形等不规则形状，还可将之制成无边框，能透光的结构形式

续表 7.1

主要环节	内　容	备　注
容量确定	并网光伏系统不受蓄电池容量的限制，在确定太阳能电池方阵容量时，只要按负载的要求和投资实时计算	不必像独立系统那样经过严格的优化设计，一般家庭太阳能电池方阵容量为1~5kWp
方阵倾角	独立光伏系统方阵尽量朝赤道方倾斜，与水平面间的倾角要经过严格计算，使光伏发电达到最大和均衡；并网光伏系统中，只考虑其方阵输出的最大性	在实用中，方阵的朝向应服从于建筑物外观的需要，一般0°　~90°　为宜
计量电表	家庭并网系统中，太阳能电池方阵发电供用户负载，多余部分输入电网；用户所消耗的电能，由方阵和电网同期提供	鉴于政府对开发新能源实行优惠政策，光伏发电上网电价要远大于用户电价，经常以“买入电表”和“卖出电表”来分别计算
光伏器件	并网光伏系统的关键设备是将太阳能电池方阵所发出的低压直流电，经逆变器、控制器变换成交流电，方能并网连接。对于电能质量（电压、波动、频率、谐波和功率因数等参数）均有严格规定，以保证电网、设备和人员安全	还应配备并网检测保护，对过（欠）压、过(欠)频率、电网失电(防“孤岛效应”)、恢复并网、直流隔离、防雷及接地、短路、断路器和功率方向等进行处理

7.3 光伏屋顶设计原则

光伏屋顶的设计主要依据以下原则：

（1）组装要根据屋顶的面积、倾角，选择适当组件型号和系统功率，同时确定其安装方式。

（2）光伏屋顶一般采用并网发电系统，这样既减少太阳能发电系统投资，又能确保一年里全天候用电，是比较经济实惠的方式。

【实例 7.1】某市设计建造独立光伏屋顶，如图 7.5 所示。

经过实测，屋顶朝向正南，其倾角为 35°　正好符合光伏系统的安装方向和倾角。根据屋顶实际尺寸，选择 160Wp 组件（1580mm × 808mm × 50mm）16 块，系统功率 160Wp × 16=2560Wp，组件排列成 4 行 × 4 列，并与屋面保持 40mm 距离，以便于空气流通、降低夏季组件的温度，避免因温度过高影响组件功率。

【实例 7.2】某市设计建造独立光伏屋顶，如图 7.6 所示。

在屋顶上预埋固定件，共计 16 只 M16 不锈钢螺栓。通过 L 型连接件（图 7.7）将固定组件的角钢固定在螺栓上。可以上下、前后调节，确保 16 块组

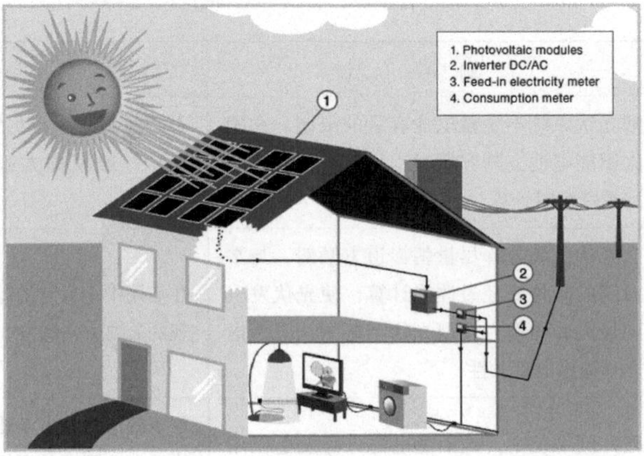

图 7.5 某市光伏屋顶设计图

件处在同一高度和同一水平线上。安装时，预先将 4 块组件配装成一个整体，牢固连线，将其固定在 4 只 M16 预埋螺栓上。用同样的方法完成其他连接件。要调整好组件的高度和上下边距离，保证形成一个整体。整个屋面整齐、美观，实现了光伏与建筑完全一体化预期的目标。

图 7.6 独立光伏屋顶与安装示例

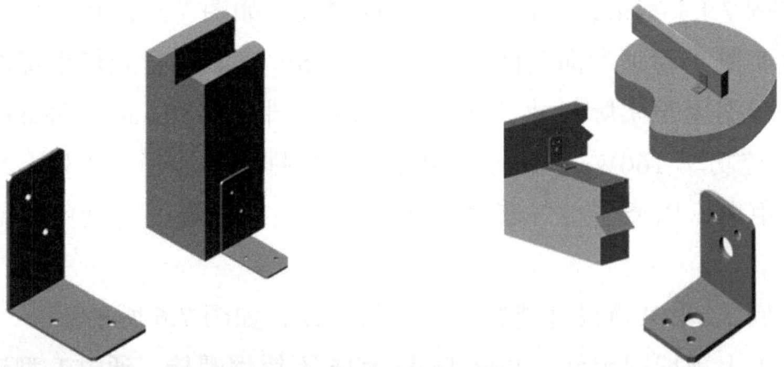

图 7.7 L 型连接件

7.3.1 斜屋顶光伏屋顶安装方式

在倾斜屋顶上安装光伏系统分为两种形式：一种是在屋顶上安装支架，将光伏组件平铺在支架上；另一种是嵌入式结构。第一种方式通常要在屋顶上预埋固定件，如螺栓，并将支架通过连接件与螺栓固定。在安装过程中要保证整个屋面的平整、美观。在安装时要预留支架与屋顶之间的距离，保证良好的空气流通，以此降低光伏组件的温度。如图 7.8 所示。

图 7.8 斜屋顶光伏组件安装方式

在大多数情况下，太阳能板会产生大量的热量。太阳能板的温度增高 1℃，其效率会相应减少 0.3%~0.5%。期间产生的热量也会损坏太阳能板，缩短其使用年限。让空气在太阳能板周围流通起来，大量的热量就可以被驱散开，提高光伏系统效率。如图 7.9 所示。

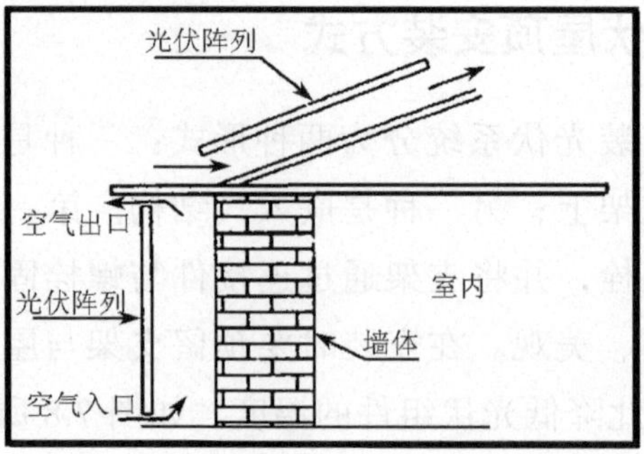

图 7.9 斜屋顶光伏系统示意图

斜屋顶的支架组件安装方式一般使用自攻自钻螺栓（或长螺栓）或其他结构件。把支架固定在屋顶支撑结构上，并做好屋面防水。如图 7.10 所示。

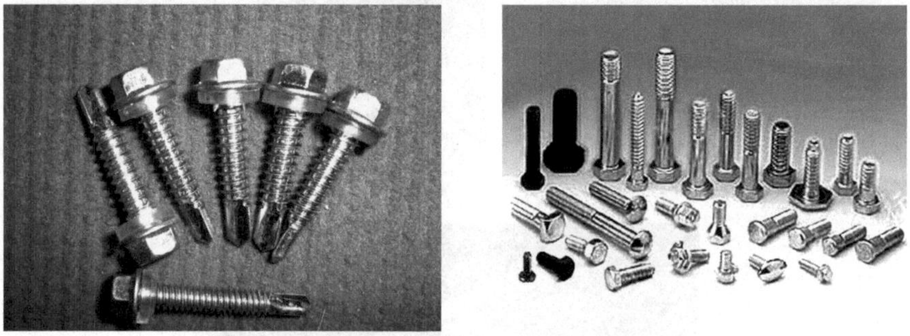

图 7.10 左图为自攻螺栓，右图为普通螺栓

斜屋顶光伏系统的第二种安装方式是嵌入式结构。如图 7.11 所示，即将光伏系统作为建筑物的一部分替代某些建筑构件。在建筑物设计之初就通过设计、计算，预先做好光伏组件的安装构件，并将组件的安装构件与建筑结构设计为一体，建好后的光伏系统既具备普通建筑屋顶防雨、遮阳的功能，还能发电。

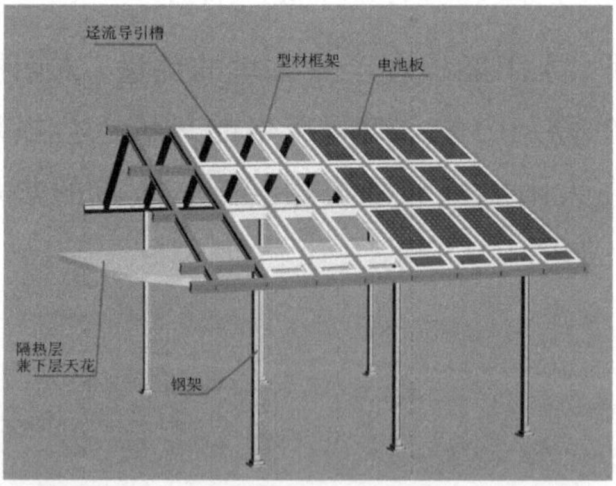

图 7.11 嵌入式结构光伏屋顶安装方式

嵌入式结构光伏系统的成本在建筑设计之初就包含在建筑成本里，不用在建筑物建好后再花费安装光伏系统的费用。同一栋建筑使用两种不同斜屋顶光伏组件安装方式的效果对比如图 7.12 和图 7.13 所示。

图 7.12 使用支架的光伏屋顶

图 7.13 使用嵌入式光伏屋顶

7.3.2 平屋顶光伏屋顶安装方式

在平屋顶上安装光伏系统的方法也是相同的，一类是将平屋顶作为光伏系统的支撑物。在屋顶的承重梁上预先安装生根或不生根筑起的水泥条或水泥带，并在其中预埋地脚螺栓，用于固定组件支架。几种常见的平屋顶光伏屋顶安装方式如图 7.14 所示。

图 7.14 常规平屋顶光伏屋顶结构

另一类是将光伏组件作为屋顶材料，例如遮阳棚、大楼顶棚、天窗等。这类屋顶结构要求光伏组件既具备建筑材料的功用，又可以发电。要求光伏组件可以防雨、抗冲击。若作为建筑物的天窗，还要求光伏组件具备透光性，一般采用双层玻璃构成的组件。若是作为装饰物的建筑物外观材料，光伏组件还应该具有美观性。如图 7.15 所示。

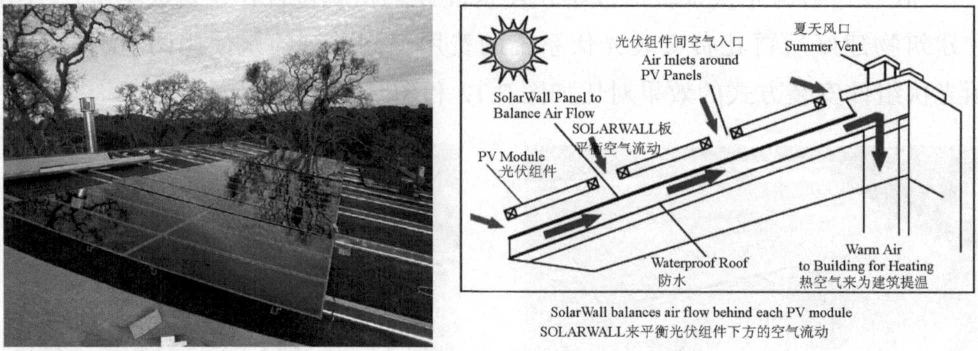

图 7.15 作为屋顶材料的光伏组件结构

7.4 光伏幕墙的设计要求

光伏幕墙系统用光伏组件替代传统的建筑幕墙和屋面组件，将光伏发电与建筑围护融为一体，在设计时要兼顾建筑立面的围护功能、室内环境的舒适、建筑外观的审美效果和光伏发电等要素。

光伏幕墙系统作为建筑外围护结构，首先必须具有防风雨、保温、隔热、隔声、防雷、防火、采光、通风等多种功能，为人们提供安全舒适的室内环境。为满足这些要求，光伏幕墙系统必须具备必要的物理性能。光伏幕墙系统的物理性能主要有抗风压性能、水密性能、气密性能、热工性能、空气声隔声性能、平面内变形性能、抗震要求、耐撞击性能、采光性能等。目前，我国尚未出台相关的光伏建筑一体化产品标准，光伏幕墙（屋面）系统作为围护结构方面相关的物理性能要求，可参照国家标准《建筑幕墙》（GB/T21086）和JGJ102-2003《玻璃幕墙工程技术规范》的相关要求确定。

7.4.1 光伏幕墙系统的性能要求

光伏幕墙系统的性能要求和建筑物所在地的地理、气候条件有关，如在沿海台风多发地区，幕墙的抗风压性能和水密性能就需达到较高的等级。性能等级要求的高低和建筑物本身的特点（建筑物体型、高度、造价）和使用功能有关。所以，光伏幕墙系统的性能设计应根据建筑物所在地的气候、环境、建筑物体型、高度和建筑物的功能等要求通过合理计算来确定。

相比普通幕墙，在进行光伏幕墙性能设计时应着重注意以下几个方面：

1. 光伏系统设计与建筑设计密切配合

光伏幕墙系统的设置要考虑最佳日照角度、日照量。选择没有遮挡、光照充足的建筑墙面设计安装光伏系统。当光伏幕墙分布在建筑物不同的立面朝向时，其各个不同面的光照强度也不同，造成组件间的电压、电流不同，影响整体的发量效率。这时要对建筑立面按光照度进行分区设计。有时，建筑立面常常会是由大小、形状不一的几何图形所组成，造成组件间的电压、电流不同，这时要依据实际情况进行分格调整，使各光伏组件接近标准组件电学性能，以使各组件更好地匹配，从而达到最佳的整体发电效率。

2. 光伏组件选用

光伏玻璃组件应依据不同位置、照度选取合适的类型，如用于建筑物墙面部分时，由于安装倾角往往不能达到最佳角度，光伏组件经常处于低光照度下，这种情况宜选用弱光性能较好的光伏玻璃组件。建筑物的使用寿命一般在 50 年以上，因此，用于光伏幕墙系统的光伏玻璃组件应选用转换效率满足要求、质量好的产品。一般应满足单晶硅光伏玻璃组件光电转换效率大于 16%，多 晶硅光伏玻璃组件光电转换效率大于 14%，非晶硅薄膜电池光伏玻璃组件光电转换效率大于 6% 的要求。同时，光伏玻璃组件的使用寿命应大于 20 年，在设计使用年限内的最大输出功率衰减应不超过规定的要求。

3. 光伏幕墙系统的抗风压性能

当光伏幕墙系统用于风压高的地区或建筑高层时，就需要光伏幕墙系统具有较高的抗风压性能，此时用做幕墙面板和采光顶面板的光伏玻璃组件就需要有更高的力学性能，应按照幕墙工程技术规范及相关的标准规范通过设计计算来确定光伏玻璃组件的厚度和强度。光伏组件夹层玻璃胶片宜选用（PVB）胶片。另外，在进行玻璃挠度控制方面，还需考虑不同种类的太阳能电池对玻璃组件挠度适应性的差异，采取相应的挠度控制值进行计算。

4. 系统散热、降温要求

光伏幕墙系统在发电时会产生热量，系统会因其负温度效应降低发电效率，还会将大量的热量带入室内，造成建筑耗能的上升。因此，在进行光伏幕墙系统设计时，要采取相应的散热、降温措施，保证光伏电池温度不高于 85℃。也可采用外循环双层幕墙形式，利用双层幕墙的烟囱效应带走双层幕墙中间通道内的热空气，提高发电效率，降低能耗，营造更舒适的室内 环境。

5. 幕墙采光性能

光伏幕墙用于建筑物可视部分时，要求有一定的透光性能。太阳能光伏玻璃组件依据所采用的不同产品类型，为满足建筑透光要求而采用 的方法各不相同。单晶硅和多晶硅光伏玻璃组件可以通过控制硅片电池间隙和边缘空隙来实现所需的透光率，电池片排列可设计成不同的组合形式，以满足不同建筑设计风格及各种不同的采光需要。光伏组件透光率要求越大，电池片的排布就越稀，其发电功率也会越小。所以，提高透光率是以牺牲发电量为前提的，因此在进行系统设计时要权衡考虑，在满足室内采光性能的同时达到尽可能大的发电量。同样非晶硅光伏玻璃组件的透光率也要根据不同建筑物的实际需要进行合理选取。

6. 幕墙绝缘性能

在 BIPV 系统中，光伏幕墙直接安装在建筑墙面，人与其接触频繁，幕墙有良好的绝缘性能十分重要。光伏玻璃组件电池引出端必须有良好的绝缘性密封，光伏幕墙引出线在设计时应尽可能在幕墙框架内走线，并加上绝缘套管。对幕墙金属框架进行有效的接地连接。安装完的组件应通过相关的绝缘性能检测。

7. 便于维护、更换

相对于普通幕墙而言，光伏幕墙系统在日后的运行中将会有更多的维护、清洁和检修工作。为了方便系统的维护和保养，光伏组件应 便于拆卸、更换、清洗、保养。多雪和空气质量较差的地区，设计光伏系统时还需要设置便于人工融雪、清洗的安全通道和设施。

另外，光伏幕墙系统作为建筑外墙和室内装饰的一部分，其色彩、透光率、造型和立面分格尺寸等外观效果，对建筑外立面的美观协调和室内环境的舒适和谐有着十分重要的作用。需要在设计时兼顾诸多因素并协调许多有着相互影响的多方面要求。

7.4.2 光伏幕墙的设计

光伏幕墙所产生的电能，转换成蓄电池组要求的充电电压和充电电流。向蓄电池充电时，其容量按用户要求的无阳光天气连续供电日数进行设计；输出电能变换器，将蓄电池组中直流电能转换成负载要求的电压、电流及电能形式，向负载供电。有些国家由于光伏幕墙发出电量，经过逆变器后并入电网，可不设蓄电池组。所以备用蓄电池组是在阴雨天（太阳光少）的情况下，也能保证一段时间连续供电。由于输入和输出电能逆变器互相独立，其设计比较简单，光能的波动对供电质量几乎没有影响。

光伏建筑产能公式：

$$P_S=HA\eta K$$

式中，P_S 为光伏建筑年生产电能（MJ/a）；H 为光伏建筑所在地区年总辐射能（MJ/m^2a），可参照有关表查取；A 为光伏建筑面积（m^2）；η 为光电池效率；K 为修正系数，$K=K_1K_2K_3K_4K_5K_6$，其中 K_1 为太阳电池长期运行性能修正（0.8），K_2 为灰尘引起太阳电池板透明度的性能修正（0.9），K_3 为太阳电池升温导致功率下降修正（0.9），K_4 为导电损耗修正（0.95），K_5 为逆变器效率（0.85），K_6 为光伏模板朝向修正数值，如表 7.2 所示。

表 7.2　太阳电池板朝向与倾角的修正系数 K_6

光伏幕墙朝向	太阳能电池方阵与地平面的倾角			
	0°	30°	60°	90°
东（%）	93	90	78	55
南－东（%）	93	96	88	66
南（%）	93	100	91	68
南－西（%）	93	96	88	66
西（%）	93	90	78	55

7.4.3　应用举例

已知信息：幕墙所在地为北京；室内有用电负载的设备一台，日均耗电 640W · h/d；8W 荧光灯 6 只，平均照明 3h/d；标称功率 60W，彩电平均收看 2h/d；具体选型，为某集团提供的单晶硅太阳电池板；光伏方阵与地平面的倾角为 90°；幕墙方向朝南。

要求：根据信息计算幕墙所需光伏组件数量，以满足使用要求。

计算过程如下：

根据室内负载用电要求，日均耗电量为：

$$P_d=640W \cdot h/d+8W\times 6\times 3h/d+60W\times 2h/d=904W \cdot h/d$$

以全年工作 280d 计算，年耗电总量为：

$$P_d=904W \cdot h/d\times 280d\times 3600W \cdot s/a=900W \cdot h\times 106W \cdot s/a=911\times 106J/a$$

光伏幕墙全年产能至少应与室内负载消耗的电能相等，则可得：

$P_S=P_d=HA\eta K$ 或 $K=P_dHA\eta$

查图可知北京地区全年太阳能总辐射能约为：

H=5000MJ/(m² · a)=5000 × 106J/(m² · a)

单晶硅太阳能电池板效率：

$\eta=12\%$

$K=K_1K_2K_3K_4K_5K_6=0.8 \times 0.9 \times 0.9 \times 0.95 \times 0.85 \times 0.68=0.355$

则：

$A=P_d/H\eta K=911 \times 106\text{J/a}/5000 \times 106 \times 0.12 \times 0.355\text{J/m}^2\text{a}=4.3\text{m}^2$

选用某集团的太阳能电池板 8 块，其规格为：1003mm × 760mm，则实际电池板面积为 1.03m × 0.76m × 8 ≈ 6.3m²>4.3m²。

满足设计要求。

7.4.4 光伏幕墙的安装与维护

（1）基本条件：安装地点要选择光照比较好，周围无高大物体遮挡阳光的地方，工程面积较大，安装场地要适当宽阔，避免碰损太阳能电池板；太阳能电池板应朝向赤道，在北半球其表面朝南，在南半球其表面朝北；充分地利用太阳能，并使太阳电池板全年接受太阳辐射量比较均匀，一般有个倾斜角度放置，即指电池方阵表面与地平面的夹角；光伏方阵安装时，如果方阵倾角不同，各个月份光伏板的表面接收太阳辐射量差别很大。

资料表明，方阵倾角可以等于当地的纬度，只是往往会使夏季电池方阵发电过量而造成浪费，而冬天则因光照不足而造成亏损。大体来讲，南方地区的方阵倾角可比当地纬度增加 5° ~10° 。太阳能幕墙布线要合理，防止渗水、受潮、漏电，腐蚀太阳能电池，缩短其寿命。

安装注意事项：用指南针确定方位，光伏板前不能有高大建筑物（树木）等遮蔽阳光；仔细检查地脚螺钉是否结实可靠，所有螺钉、接线柱等均应拧紧，不得松动；光伏幕墙（屋顶）有防雷、防火等措施。必要时还要设置驱鸟装置；安装时不要同时接触太阳能电池板的正负两极，以免短路烧坏（电击），有时可用不透明材料覆盖后再进行接线；组装过程中要轻拿轻放，严禁碰撞、敲击，以免损坏元器件。特别注意组件、二极管、蓄电池和控制器等电器极性不得接反。

（2）常规性检查含光伏幕墙、屋顶，每年至少两次，时间最好安排于春、秋两季。首先仔细查明各组件的透明外壳及框架，判断有无松动和损坏。最好用软布、海绵和淡水对其表面进行擦拭以清洁除尘，早晚各一次为好，避免在白天较热时用冷水冲洗。除了定期维护外，还要经常观察除垢，遇到狂风、暴雨、冰雹和大雪天等天气应及时采取有效防护措施，待合格后方可正常使用。

7.4.5 材料选型

建筑师在进行光伏幕墙的材料选型时，应持慎重态度，无论哪块墙面都应有针对性。同时还要考虑屋顶形势、构思架设、贴附于建筑等方面因素，不仅要美观，还要考虑光电转换效率高低。

从幕墙构造形式来说，光伏幕墙系统一般设计为框架式结构，隐框式、明框式、半隐框式均可，但采用明框式光伏幕墙时不宜选用外突尺寸太大的型材，避免型材阴影影响发电效率。也可设计为点支撑式结构。当采用点支撑方式时，需特别注重电路引出线的设计，避免引出线影响视觉效果。在支撑孔周边应进行可靠的密封处理。

光伏系统的输配电和控制用缆线应统筹安排，集中布置，满足安全、隐蔽、美观的要求，并方便安装维护。光伏组件的电路引出线在设计中应注意将其巧妙地隐藏在幕墙结构中 。

光伏玻璃组件依据所采用的不同产品类型，其色彩效果也各不相同。单晶硅和多晶硅光伏玻璃组件通常颜色为深蓝、蓝色或古铜色。非晶硅光伏玻璃组件颜色常见的是棕色和黑色。但随着 BIPV 的发展所带来的光伏组件用量的增加和建筑的不同需求，目前已出现了多种其他颜色的光伏玻璃组件可供选择。晶体硅玻璃电池排布应合理、美观，满足设计要求；薄膜类电池玻璃不应有明显的斑点、彩虹和色差。

图 7.16 为安装在不同位置的光伏组件的转换效率比较，表 7.3 为各种类型太阳能电池的使用性能范围。

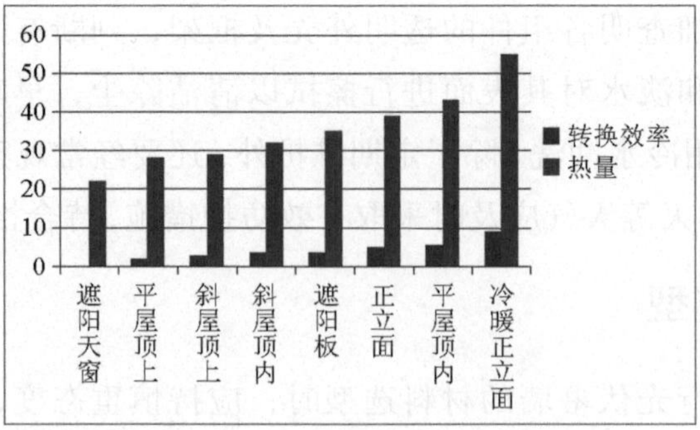

图 7.16 光伏组件安装位置及转换效率比较

表 7.3 太阳能电池选型

太阳能电池类型	适用性能					
	斜屋顶	平屋顶	墙面	窗户	遮阳	围栏
有金属框架的标准组件，表面玻璃、不透明背板	高适应	低适应	低适应	不适应	低适应	不适应
无金属框架的标准组件，表面玻璃、不透明背板	高适应	高适应	高适应	不适应	高适应	低适应
透明度占一定比例的双层玻璃组件	低适应	低适应	高适应	高适应	高适应	高适应
两面受光的透明双层玻璃组件	低适应	低适应	低适应	不适应	不适应	高适应
玻璃表面，背面为占一定比例透明TPT薄膜	不适应	不适应	低适应	高适应	不适应	高适应
配合客户要求，组件设计为不同形状	高适应	高适应	高适应	高适应	高适应	高适应

7.5 BIPV组件简介

光伏建筑一体化的光伏组件是作为一种建筑材料出现的，如光伏幕墙、光电屋顶等。不管是晶体硅电池组件还是薄膜硅电池组件，电池片和玻璃片的组合是实现BIPV的前提和基础。目前来说，典型的BIPV光伏玻璃组件结构分为夹层玻璃组件和中空玻璃组件两种。

7.5.1 夹层玻璃组件

夹层玻璃组件结构的整体构建是由两片或多片玻璃、中间复合太阳能电池片组成复合层，电池片之间由导线串联或并联汇集引线端。由于夹层玻璃组件的玻璃片必须是钢化玻璃，向光的一面必须是超白钢化玻璃，所以夹层玻璃组件又被称为钢化玻璃组件。玻璃片中的电池片可以是单晶硅、多晶硅、非晶硅中的一种。中间用来复合玻璃片和电池片的胶片可以是EVA（乙烯－醋酸乙烯共聚物）或者PVB（聚乙烯醇缩丁醛树脂）。如图7.17所示。

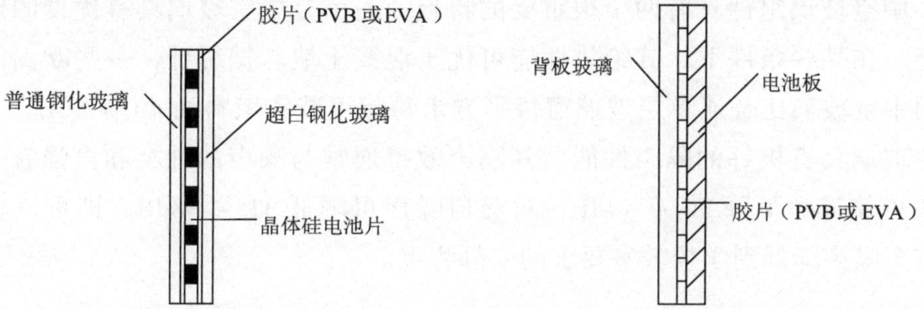

（a）晶体硅电池片　　（b）非晶体硅电池片

图7.17　夹层玻璃结构

夹层玻璃具有以下优点：

（1）安全。夹层玻璃不易被击穿，破碎后碎片不易飞散。

（2）节能。夹层玻璃具有良好的隔热效果，可节电、节能。

（3）隔音。夹层玻璃对声波具有阻尼功能，隔音性能优异。

（4）阻挡紫外线。夹层玻璃可以有效地阻挡紫外线的传播，防止室内家具、物品的褪色。

7.5.2　中空玻璃组件

中空玻璃的结构是两片或两片以上的玻璃组合，玻璃与玻璃之间保持一定的间隔，间隔中是干燥的空气，周边用密封材料包裹。当光伏组件和中空玻璃结合，主要有两种基本形式：一种是将钢化玻璃夹层结构作为一块玻璃，然后和另一块玻璃组合成中空结构，图7.18（a）所示是该种玻璃的基本形式；

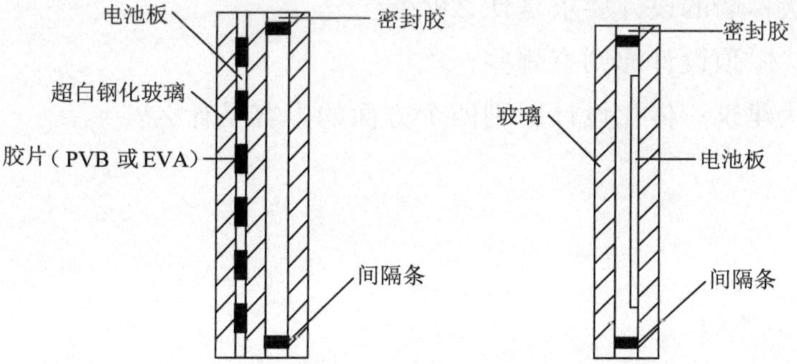

（a）结构1　　（b）结构2

图7.18　中空玻璃结构

另一种是晶体硅或者非晶体硅电池片放置在中空玻璃的空腔内，电池片之间由导线串联或并联汇集引线端通过间隔条和密封胶引出，如图7.18（b）所示。

中空玻璃组件具有两个很重要的特点：一个是中空玻璃具有优良的绝热性能。在某些条件下，其绝热性能可优于混凝土墙。据统计，一些欧洲国家采用中空玻璃比普通单层玻璃窗每平方米每年可节省燃料油40～50L。二是中空玻璃具有极好的隔声性能，其隔声效果通常与噪声的种类和声强有关，一般可使噪声下降30～44dB，对交通噪声可降低31～38dB，即可以将街道汽车噪声降低到学校教室要求的安静程度。

本章小结

光伏建筑一体化的设计原则主要包含四个方面的内容：整体性原则、美观性原则、技术性原则、安全性原则。

光伏组件不仅要满足光伏发电的功能要求，同时还要兼顾建筑的基本功能要求。

（1）生态驱动设计理念向常规建筑设计的渗透：建筑本身应该具有美学形式，而PV系统与建筑的整合使建筑外观更加具有魅力。

（2）关注不同的建筑特征和人们的生活习惯。

（3）保温隔热的围护结构技术与自然通风采光遮阳技术的有机结合。

（4）光伏系统和建筑是两个独立的系统，将这两个系统相结合。

（5）建筑的初始投资与生命周期内光伏工程投资的平衡。

本章习题

1. 光伏建筑一体化设计要点有哪些?
2. 光伏幕墙的设计要求是什么?
3. 光伏屋顶设计原则有哪些?
4. 光伏建筑一体化设计原则四个方面的内容是什么?

第 8 章　光伏建筑一体化部分典型实例

光伏建筑一体化（BIPV）技术是将太阳能发电产品集成到建筑上的技术，光伏建筑一体化是太阳能发电应用的一种新概念，是“在建筑上安装光伏系统，并通过专门设计，实现光伏系统与建筑的良好结合”。太阳能光伏建筑一体化建筑工程设计应考虑以下五个因素。

1. 光伏组件的力学性能

作为普通光伏组件，只要通过 IEC61215 的检测，满足抗 130km/h(2400Pa) 风压和抗 25mm 直径冰雹 23m/s 的冲击的要求即可。用做幕墙面板和采光顶面板的光伏组件，不仅需要满足光伏组件的性能要求，同时要满足幕墙的三性实验要求和建筑物安全性能要求，因此需要有更高的力学性能和采用不同的结构方式。

2. 建筑的美学要求

BIPV 建筑首先是一个建筑，它是建筑师的艺术品，而对于建筑物来说光线就是它的灵魂，因此建筑物对光影要求甚高。但普通光伏组件所用的玻璃大多为布纹超白钢化玻璃，其布纹具有磨砂玻璃阻挡视线的作用。

3. 建筑结构与光伏组件电学性能的配合

在设计 BIPV 建筑时要考虑电池板本身的电压、电流是否方便光伏系统设备选型，但是建筑物的外立面有可能是一些大小、形式不一的几何图形组成，这会造成组件间的电压、电流不同，这个时候可以考虑对建筑立面进行分区及调整分格，使 BIPV 组件接近标准组件电学性能，也可以采用不同尺寸的电池片来满足分格的要求，以最大限度地满足建筑物外立面效果。

4. 巧妙利用太阳能的建筑

太阳能为保护环境创造了有利条件，于是许多建筑学家巧妙利用太阳能建造太阳能建筑。

包括：太阳能墙、太阳能窗、太阳能房屋。

5. 光伏建筑一体化的最新政策

光伏构件作为建材功能的一部分，与外墙材料和屋顶材料等组合在一起，使用于高楼及大型建筑物上，住宅用太阳能电池组件作为屋顶材料的建材屋顶一体型太阳能电池组件等同时具有建材功能的太阳能电池也开始在市面上出现。

8.1 武汉国际博览中心光伏建筑一体化

8.1.1 工程概述

武汉国际博览中心位于武汉市汉阳四新地区，该项目的核心区用地面积1.58 平方公里，是以展览、展示为主导功能，集会展、科技、文化、商务、休闲旅游为一体的多功能复合型国际博览城。目前，武汉市最大的公共建筑是武汉国际博览中心的会展中心。整个会展中心成环状（如图 8.1、图 8.2 所示），周围为绿化带和中央环绕水系。一层主要包括为展馆服务的停车场、中央交通枢纽、商业、办公区、中央绿化庭院等，一层层高 7m；二层主要包括 2 个登录厅、12 个展厅、10 个展厅连接体、展馆室外展场及市民广场，展厅净高 17.5m。

图 8.1 武汉国际博览中心展馆鸟瞰图一

图 8.2 武汉国际博览中心展馆鸟瞰图二

此项目采用晶体硅太阳能电池构件，在屋顶形成太阳能双感应温度平衡控制循环通道，增加建筑节能效果，提高系统发电量。在夏天高温季节，通过感应器控制屋顶百叶开启，并启动强制通风设施，降低通道温度，提高系统发电量；冬天温度较低季节，百叶关闭，在屋面形成中空结构，起保温隔热作用。该结构设计，可使传热系数降到 $0.4W/m^2K$ 以下。通过该项目的实施，可使建筑节能贡献率提高30%左右，系统发电量提高4%以上。

8.1.2 光伏建筑一体化技术应用难点分析

展馆的设计阶段并未考虑采用太阳能光伏发电技术，后来考虑到展馆有大面积的太阳辐射面，综合各方面因素，决定采用太阳能光伏发电技术。因此相较于其他项目，展馆光伏项目诸多技术难点：

（1）在原设计中，展馆的最大屋面荷载增加量为15kg/m²，在国际博览中心展馆主体工程施工之后才考虑采用太阳能光伏发电系统，因此太阳能光伏发电系统相当于展馆的附加荷载。这将影响到光伏组件与展馆屋面的结合方式，以及选用光伏组件的材料必须满足展馆最大荷载要求。

（2）隔热方面，太阳能光伏组件对温度较为敏感，随着太阳能光伏组件的逐渐升高，太阳能光伏组件的转化率会受到明显的影响，同时作为建筑的部分围护结构，展馆的金属屋面板的温度也会随之升高，最终影响到展馆室内的舒适度，增加展馆的冷负荷及能耗。因此太阳能电池组件与屋面的间距高度必须经过模拟计算，这样才利于通风，在夏天才有隔热通风作用，冬天能起到保温效果。

（3）建筑外观方面，由于太阳能光伏发电不是与展馆一起开始设计的，因此太阳光伏组件的安装，可能会对建筑的整体统一性及艺术效果产生影响。太阳能光伏发电系统的必须基于展馆既定整体的设计理念，尽量避免原有设计大量的变更。

（4）光反射方面，太阳能光伏组件在吸收太阳光的同时也会对太阳光进行反射。因此在选择太阳能光伏组件材料时，必须考虑其反射率，减少光污染。

（5）施工方面，如果光伏组件安装在地面上则相对简单。但在展馆中必须安装在屋面，因此需要考虑施工时的风荷载等安全因素，施工难度比较大。

8.1.3 场地评估

根据图8.3和表8.1可知，武汉属于较丰富带的III类地区，其太阳能辐射量虽然比中国的西北地区及新疆、西藏地区弱，但是强于西欧、北欧等地区，例如德国是太阳能应用很好的国家，其年太阳总辐射量为0.989 MW·h/ m²，相当于我国的Ⅳ类地区，日照小时数基本满足光伏系统设计要求。

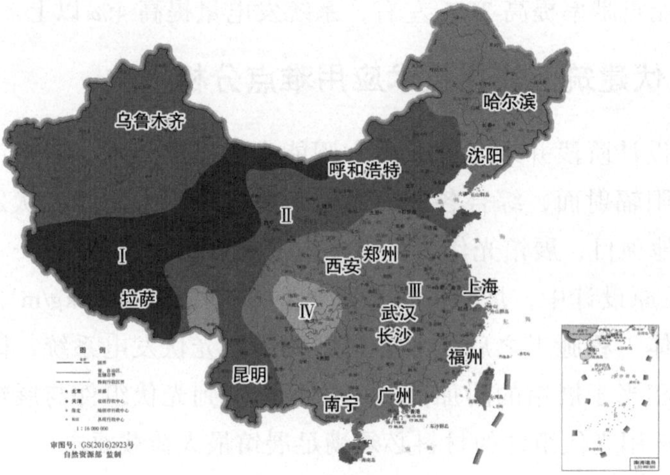

图 8.3　中国水平面太阳辐射分布图

表 8.1　中国太阳能资源分布图

等级	资源带号	年总辐射量（MJ/m^2）	年总辐射量（kW・h/m^2）	平均日辐射量（kW・h/m^2）
最丰富带	Ⅰ	≥ 6300	≥ 1750	≥ 4.8
很丰富带	Ⅱ	5040~6300	1400~1750	3.8~4.8
较丰富带	Ⅲ	3780~5040	1050~1400	2.9~3.8
一般	Ⅳ	<3780	<1050	<2.9

武汉属北亚热带季风气候区，日照丰富。年总辐射量约为 1110 kW・h/ m^2，平均日辐射量约为 3.0 kW・h/m^2，年日照总数达 1760~2100 小时，太阳能资源比较丰富，可积极研发、推广利用太阳能资源。

8.1.4　光伏组件铺设场地分析

光伏组件铺设场地的选择将影响到展馆的建筑外观、系统规模、系统发电效率等问题。从展馆工程的模拟图（图 8.4）可知，在两个标准展馆之间的连接馆屋面与两侧的标准展馆屋面有将近 10 米的高层差，连接馆屋面因为标准展馆的遮挡会产生阴影，光伏组件不宜铺设在这里。因此，光伏组件只能铺设在标准展馆屋面上。标准展馆屋面由标准展馆屋面 A 和标准展馆屋面 B 两部分组成。标准展馆屋面 A 高于标准展馆屋面 B，因此部分标准展馆屋面 B 会被标准展馆屋面 A 遮挡，同时标准展馆屋面大部分面积处于屋面圆弧的两翼，其自然角度较大，而考虑到建筑的整体美感，要沿标准展馆屋面的自然角度铺设。按照这种铺设方式，太阳能光伏组件的倾斜角就不是最佳接收太阳辐射角度，太阳能光伏组件的转化率会受到影响。标准展馆屋面 A 的设计标高最高，处于整个屋面的最高处，基本不会因为外界物体遮挡而产生阴影，并且可利用面积大，同时标准展馆屋面 A 较为平缓，自然角度较小，光伏组件接收太阳辐射量大，发电效率也高。因此，综合各方面因素，太阳能光伏组件铺设在标准展馆屋面 A 上和部分标准展馆屋面 B 上。目前在建筑物中使用的太阳能电池主要是晶体硅太阳能电池和非晶硅太阳能电池。性能方面，晶体硅电池电能转换率可达 12%~17%，但品种和颜色单一，可加工性差，弱光下不能发电；非晶硅电池转换率较差，只有 7%~10%，但可加工性好，对弱光和散射光适应度高，适宜阴湿天气较多的地区选用。展馆南北半环相加，全部屋面面积约为 16.79 万 m^2。

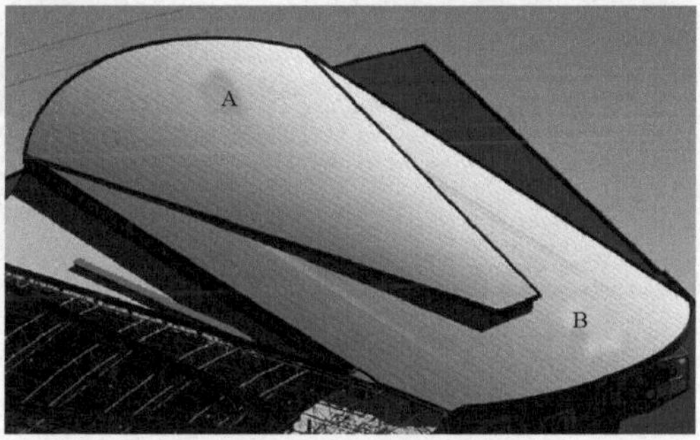

图 8.4 展馆实体模拟图

8.1.5 光伏组件与建筑的结合形式

由于国博展馆项目整体建筑方案不能进行大范围的修改，在标准展馆屋面安装的太阳能光伏组件的重量不能超过原定建筑方案中的设计荷载，如表 8.2 所示。多晶硅太阳能光伏组件附加上其他的安装支架其重量为 17 kg/m^2。如果将太阳能光伏组件没有间隙地安装在屋面板上的话，其总重量超过了展馆的设计荷载。因此在铺装时若每组光伏组件的间隔为 0.6m，此时的展馆的屋面荷载为 10.4 kg/m^2，满足展馆的设计要求。

表 8.2 设计荷载

荷载名称	标准值（kg/m^2）	最大允许值（kg/m^2）
标准展馆屋面雪荷载	60	
活荷载	50	
标准展馆屋面 + 檩条	40	
钢结构	71	
标准展馆屋面荷载增加值	10	15

光伏组件附加到屋面上成为屋面的一部分，光伏组件在吸收太阳能发电的同时温度也随之升高，这样将严重影响到室内的舒适度。因此用紧固件将光伏组件与铝镁锰合金屋面固定在一起（图 8.5），产生一个约 60cm 的空气流通通道（图 8.6），同时通过气密手段，光伏组件与铝镁锰合金屋顶中形成空气对流空间，这样对流通道内的空气温度与外界空气温度不一致，这样就产生了一个推动力，使对流通道内的空气与外界空气进行积极的交换，起到了降低温度的作用，同时也产生了保温的效果，这使光伏发电系统彻底地融入展馆建筑中，成为其不可分割的一部分（图 8.7）。

图 8.5 太阳能发电站支点图

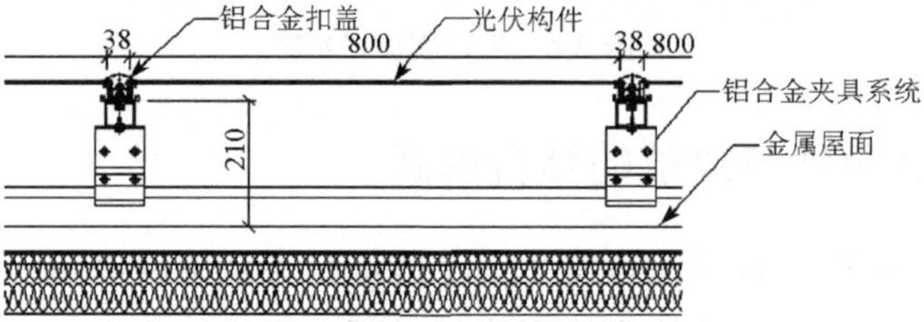

图 8.6 构件型组件横向安装截面

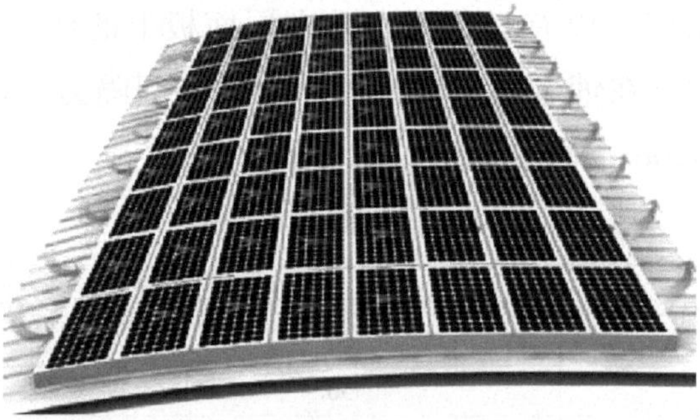

图 8.7 空气循环通道示意图

8.1.6 太阳能光伏系统安装技术

展馆项目光伏系统设计总装机量为10000kWp。12个展馆总共铺设47088块光伏组件，平均每个展馆铺设的光伏组件为3924块。其中每个标准展馆屋面由A区和B区两个分区构成，在A区共需要铺设72个单元阵列，B区共需要铺设上下2组36个单元阵列（图8.8）。

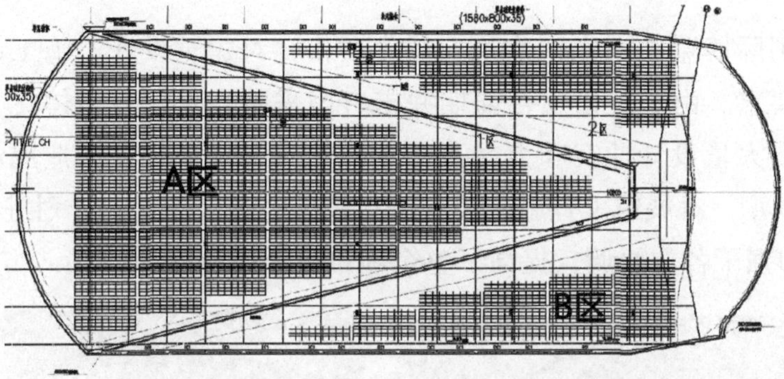

图8.8 标准展馆屋面光伏组件布置图面

（1）由于该项目的特殊性，在铺设光伏组件时不考虑按最佳倾角。为了保证美观、保温、隔热等因素，光伏组件沿标准展馆屋面顺势铺设。

（2）在安装时，如图8.9所示，首先用铝角码、铝夹具以及横梁构建成一套支撑系统，再将支撑系统固定安装在标准展馆屋面板上。

（3）在太阳能电池阵列中功率收集线路的一般布线方法类似于功率分配线路的一般布线方法。为了便于开始时的检测和以后的维修，最好能够把较低功率的太阳能电池串与功率收集线路隔离开。

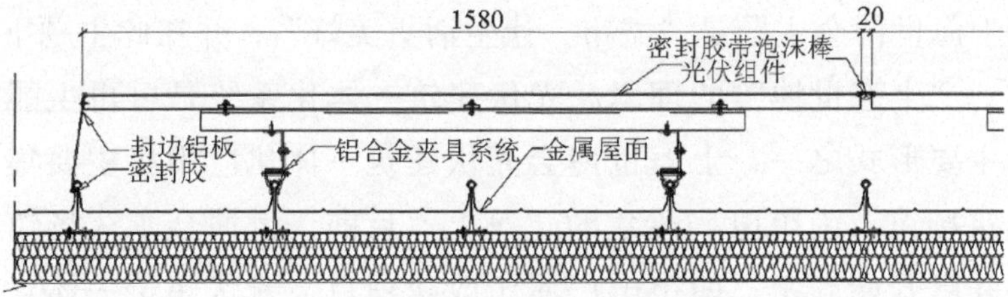

图8.9 构件型组件纵向安装截面

8.1.7 BIM技术在武汉国际博览中心光伏发电项目中的应用

1. 前期阶段中的BIM技术应用

在前期阶段，对武汉国际博览中心展馆工程进行BIM（Building Information

Model）虚拟的建筑模型实体建模（图 8.10）。设计阶段，对项目的设计冲突、设计不合理地方进行可视化模拟，减少项目大量的设计变更。结合武汉市国际博览中心项目实况，运用 BIM 技术对其进行节能评估分析，运用 Autodesk EcotectAnalysis 软件进行热环境、风环境、光环境分析，为光伏发电项目的前期决策提供可视化的信息数据支持。

2. 施工阶段中的 BIM 技术应用

武汉国际博览中心光伏建筑一体化项目，对建筑设计、施工以及后期有非常高的要求。由于展馆项目前期并未考虑采用光伏建筑一体化，因此在施工阶段会有大量设计冲突和大量不必要的返工，增加投资，造成浪费。根据 BIM 信息模型，对展馆工程施工流程进行模拟，施工进度和计划进行优化（图 8.10），加强了各方协调，提高了整个项目的全过程管理。

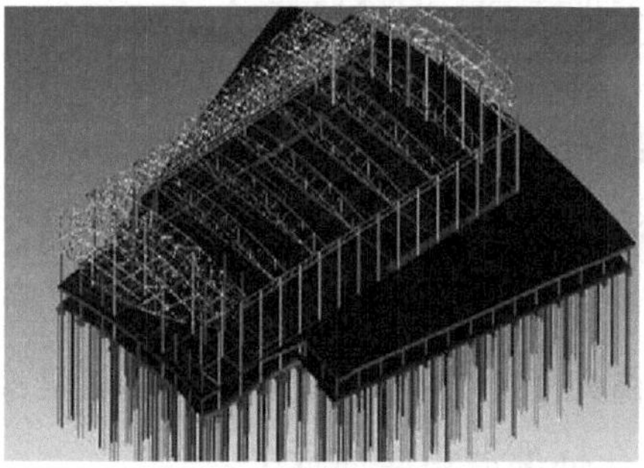

图 8.10　展馆结构模拟图

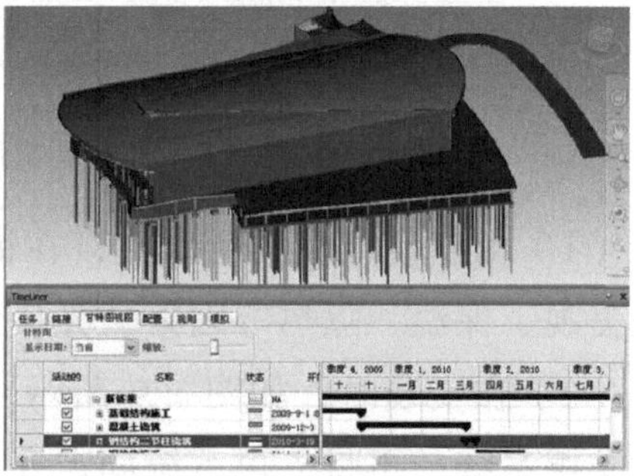

图 8.11　展馆进度模拟图

8.2　光伏建筑一体化在上海世博会中的应用

中国上海世博会主题是“城市，让生活更美好”，并在此主题下体现“科技世博”、“生态世博”的理念。光伏建筑一体化系统是可再生能源在城市中应用的主要形式之一，上海世博会光伏建筑一体化应用将主要集中在世博会永久建筑场馆及南市电厂改建的建筑上。目前，世博会永久场馆的设计都已完成，并已开始施工；南市电厂属于改建项目，光伏建筑一体化应用已基本可以确定；上海世博会光伏建筑一体化应用总容量约 4.36MW，分别集中在中国馆、世博中心、主题馆及南市电厂建筑上。下面分别介绍。

8.2.1　中国馆光伏建筑一体化应用

上海世博会中国馆位于世博会规划的核心区，中国馆由国家馆、中国地区馆、港澳台馆三部分组成。中国国家馆是建筑的主体，建筑布局上处于主要地位。光伏建筑一体化应用系统主要集中于中国国家馆上。国家馆是世博园区中最高的单体建筑，也是最具有显示度的一个建筑。它全部由巨型钢构架构成，轮廓像斗拱，构成则像中国传统木建筑，连同下部的4个核心筒看，又像一个巨型四脚鼎，整体选用“中国红”，形象突出。这种形体的建筑对于太阳能的应用提出了很大的挑战。立面上很难采用太阳能电池组件，一是因为立面向里收缩，会有遮挡问题；二是因为立面颜色以红色为主，应用太阳能电池组件会使建筑整体效果受到破坏。因此，国家馆的太阳能应用以屋顶为主。但屋顶又不可满铺，否则会影响整个顶面的效果，所以考虑间隔铺设的方法。即在建筑的最高顶面四个角的部分采用与屋顶一体化组件，在顶面四周采用透光式光伏组件(即将透光式光伏组件作为屋顶，形成完全的光伏建筑一体化组件)，除了发电还需具有防水、保温等功能。效果图如图8.12所示。中国馆太阳能应用主要以展示为主。光伏建筑一体化总装机容量约0.36MW，采用升压后并网方式发电。

图8.12 中国馆太阳能应用效果图

8.2.2 世博中心太阳能应用

世博中心位于世博园区滨江绿地内，世博中心广泛应用了新能源新技术和新材料，太阳能光伏建筑一体化是其中新能源应用的主要形式。世博中心建筑外表面多为平面结构，方正宽广，非常适合作为太阳能发电的载体建筑。屋顶结构为一个巨大的长方形，屋面上的建筑结构由西向东依次为屋顶花园，南北两座设备间采光天顶，下沉式屋面电梯机房，以及中央直升机停机坪，根据建筑物的这些特点，世博中心太阳能的应用主要集中于屋顶，在屋顶中心及四周部分区域铺设高效单晶硅太阳电池组件，在屋顶设备房南立面应用光伏遮阳式组件，以增强世博中心太阳能系统的显示度。世博中心光伏建筑一体化系统总装机容量约1.04MW，图8.13为世博中心屋顶太阳能应用实景图。

图8.13 世博中心太阳能应用实景图

图8.14 世博中心与屋顶一体化光伏组件效果图

在屋顶采用常规光伏组件，采取平铺的方式，与屋顶绿化相结合，间隔布置，将太阳能绿色能源的意义体现得淋漓尽致，效果如图8.14所示。在建筑透明天窗部分采用中空式透光型光伏玻璃幕墙组件，采用波浪式的布置方式，组件朝南排列，倾角在20° ~ 25°之间，这既考虑了光伏系统发电的需要，又使建筑富有韵律感及动感，使两者达到了和谐的统一。此外，屋顶设备房南立面采用了光伏遮阳式组件。世博中心太阳能光伏系统总装机功率约1MW，采用升压后并网方式发电。

8.3 华电产业园光伏建筑一体化系统

8.3.1 项目整体介绍

华电产业园位于北京市丰台区中关村科技园内，有A ~ I座共9栋楼。该项目拟采用光伏玻璃替换原A，B座采光顶，采用晶体硅太阳能电池作为光电转换装置，同时根据建设方案配置相应的接入系统。华电产业园光伏建筑一体化项目设计装机容量为15kW(峰值功率)，安装100片峰值功率为150W的光伏玻璃组件，所发直流电经过2台峰值功率为10kW的逆变器转变成低压交流电，汇流后经380V线路接入大楼低压配电系统

8.3.2 系统方案及主要设备选型

太阳能光伏发电系统由光伏组件、逆变器和并网开关柜组成。太阳能通过光伏组件转化为直流电接至逆变器，通过逆变器将直流电转化为与电网同频率同相位的交流电。由于该项目发电功率较小，因此采用380V电压等级接入大楼低压配电系统。

1. 太阳能电池组件选型

该项目拟采用光伏组件替换采光顶玻璃，对透光率的要求较高，而成熟

的光伏产品中，薄膜光伏电池的透光率普遍只有20%左右，不符合要求，所以该项目采用光伏玻璃。光伏玻璃安装效果图如图8.15所示。光伏玻璃采用2层玻璃夹电池片的工艺，电池片的分布根据透光率的要求进行设计，既满足了光伏系统设计要求，又达到了建筑所需要的透光率要求。作为屋顶采光玻璃，还需要考虑外围护其他功能的要求，上面2层玻璃夹电池片，下面2层玻璃夹胶，中间为中空。根据采光顶的面积以及透光要求，定制峰值功率为150W、电池遮挡面积约50%的光伏玻璃组件，共用100片，安装容量为15kW（峰值功率）。

2. 逆变器选型

逆变器是光伏发电系统中的关键设备，对光伏系统的转换效率和可靠性有重要影响。逆变器选型的主要原则如下：

（1）性能可靠、效率高：目前光伏发电系统的发电成本较高，如果在发电过程中逆变器自身消耗能量过多或逆变失效，必然导致总发电量的损失和系统经济性下降，因此要求逆变器具有较高的可靠性和效率，并能根据太阳能电池组件当前的运行状况输出最大功率。

图8.15 光伏玻璃安装效果图

（2）直流输入电压有较宽的适应范围。由于太阳能电池的端电压会随负载和日照强度的变化而发生变化，因此，在较大的直流输入电压范围内，必须保证逆变器能正常工作，并保证交流输出电压稳定。

（3）具有保护功能。并网逆变器还应具有交流过/欠压保护，超/欠频保护，高温保护，交流及直流的过流保护，直流过压保护，防孤岛保护等保护功能。

（4）波形畸变小，功率因数高，大型光伏发电系统并网运行时，要求逆变电源输出正弦波，波形畸变小于5%，高次谐波含量小于3%，功率因数接近1。

（5）监控和数据采集：逆变器应有多种通信接口进行数据采集并发送到

远控室，其控制器还应有模拟输入端口与外部传感器相连，测量日照和温度等数据，便于整个电站数据的处理分析。太阳能电池组件被连接成几个相互平行的串，每个串或每几个串（不通过汇流箱）连接单独的逆变器，即成为串组逆变器。每个组串并网逆变器具有独立的最大功率跟踪单元（MPPT），从而减少了太阳能电池组件最佳工作点与逆变器不匹配的现象以及阳光阴影带来的损失，增加了发电量。根据光伏电池组件的不同，组串逆变器的最大功率一般在数千瓦以内。目前较为常见的组串逆变器都设有 2 个 MPPT，每个 MPPT 能接入 3 个组串。该项目拟选用 2 台 10kW 组串逆变器。

3. 电气设备选型

为节省投资，降低工程造价，该项目设备进行如下设计。

依据DL/T5222 2005 导体和电器选择设计技术规定对电气设备进行选型。

（1）380V 开关柜：额定电压 380/220V；额定频率 50Hz；额定绝缘电压 690V；额定冲击耐受电压 8kV。

（2）母线：开关柜配套 TMY – 40×4 铜母线，额定载流量为 609A。

4. 保护设计

（1）系统过电压保护，包括过电压保护、直击雷保护、接地保护等。

（2）元件保护，包括孤岛保护、直流反接保护、交流短路保护和漏电流保护等。

8.3.3 华电产业园光伏建筑一体化系统的设计重点

在设计 BIPV 建筑时要考虑太阳能电池本身的电压电流是否便于光伏系统设备选型，但是建筑物的外立面可能是由一些大小、形式不一的几何图形组成的，造成组件间的电压、电流不同，这时可以考虑对建筑立面进行分区，以最大限度地满足建筑物外立面效果。

该项目采光顶周围突出建筑物较多，会在不同时间段对采光顶形成局部遮挡，且采光顶为南北坡设计，北面采光顶光照也会受到影响。因此，太阳能电池组串的串并联设计以及逆变器型号的选择对系统发电量尤为重要。

华电产业园 BIPV 项目受安装条件限制，设计容量较小，其社会效益远大于其经济效益。

BIPV 系统不同于地面并网型光伏系统设计模块化通用性的特点，BIPV 系统多为一个项目或一种方案，光伏组件设计较为复杂。但 BIPV 系统作为光伏发电系统的一种新型应用模式，其系统设计已较为成熟，在合适的地区也能够得到大规模应用。

8.4 京沪高铁南京南站光伏建筑一体化工程

8.4.1 南京南站概述

京沪高铁南京南站除京沪高铁经停外，还接纳沪汉蓉铁路、沪宁高铁、宁杭城际、宁安城际等多条铁路，以及多条连接南京市区和禄口国际机场的地铁、长途客运车站等，是未来南京和华东的重要交通枢纽。该建筑设计创意依托南京六朝古都之底蕴、紫金与玄武之灵气，雕梁画栋、飞檐斗拱、气势磅礴，尽显中国传统建筑的恢宏气势。京沪高铁南京南站效果图如图 8.16 所示。

在建筑物上引入光伏发电系统，先要清楚建筑的特点。与光伏系统有关的京沪高铁南京南站的建筑特点为：建筑中轴线南偏东 28.4°；无站台柱雨棚两侧各约 30m，位于主站房挑檐下方；纵横交错的主桁架和次桁架形成了近 4m 深方格屋顶。

为了便于后续分析，我们将京沪高铁南京南站无站台柱雨棚区域划分为基本站台屋顶、主桁架屋顶和方格屋顶，如图 8.17 所示。

图 8.16 京沪高铁南京南站效果图

图 8.17 京沪高铁南京南站雨棚屋顶区域划分

8.4.2 光伏建筑阴影及最大辐射量分析

在光伏建筑一体化系统中，涉及建筑周围环境的影响，必须研究安装建筑物的阴影情况及实现最大发电量需解决光伏方阵最佳倾角的问题。针对这些问题，以光伏和建筑两方面的理论为基础，结合专业化的计算模拟软件，找到了一种简洁有效的解决光伏建筑一体化阴影分析和光伏方阵最佳倾角的办法。

（1）阴影分析：江苏省 DGJ32J 87-2009《太阳能光伏与建筑一体化应用技术规程》第 4.3.1 条规定“安装光伏组件的建筑部位宜满足冬至日 4h 日照不受遮挡的要求”。京沪高铁南京南站的建筑特点决定了该工程阴影分析的难度和复杂程度。针对该项目，采用计算机三维仿真技术，建立了完整的京沪高铁南京南站计算机三维模型，对雨棚屋顶的阴影情况进行了仿真分析，分析出全年任意时刻、任意区域的阴影情况。

图 8.18 ~ 图 8.21 为阴影分析的部分示意图。从图 8.18 和图 8.19 可以看出，东西两侧雨棚屋顶、方格屋顶以及主桁架屋顶在夏至日 9-15 时的阴影相对较对称。图 8.20 和图 8.21 中，东侧雨棚、方格屋顶的西部以及主桁架的东侧阴影非常明显，初步认为不适合安装光伏组件，但还需做进一步的太阳辐射分析。

图 8.18 夏至日 9-15 时阴影累计图

图 8.19 夏至日 9-15 时阴影累计图（局部）

图 8.20 冬至日 9–15 时阴影累计图

图 8.21 冬至日 9–15 时阴影累计图（局部）

（2）光伏方阵太阳能辐射量的可视化分析辐照强度依赖于纬度、太阳位置和气象条件。当安装地点确定后，光伏方阵安装倾角的选择是必须要解决的问题。在并网发电系统中，要求系统的全年日均发电量最大，即要求光伏方阵倾角调整至接收到全年最大太阳辐照量。

通过阴影分析基本可确定适于安装光伏组件的区域。尽管有些区域有阴影，但阴影过程很短，该区域的太阳辐射量很高，兼顾到建筑物的整体效果，这些区域适合安装光伏组件。

根据 Hay J E 提出的天空散射辐射各向异性的模型，可计算出朝向赤道不同倾角的方阵面上所接收到的太阳辐照量。结合该理论和实际辐照情况，采用专业的可视化光伏系统设计分析软件，对不同地区、不同朝向的光伏方阵做出精准的太阳辐射量计算。依据南京地区近 15 年的气象数据，得出了某一时段各不同朝向面所接收的太阳辐射量，结果发现同一时段内朝向东南和西南的面上的太阳辐射并不相同。

（3）各屋顶太阳辐射量分析：为了得到更科学详尽的适合组件安装的区域，在上述阴影分析模型的基础上，对京沪高铁南京南站各区域的太阳辐射进行了更加细致的辐射分析。图 8.22 给出了南京南站各区域太阳辐射示意图。

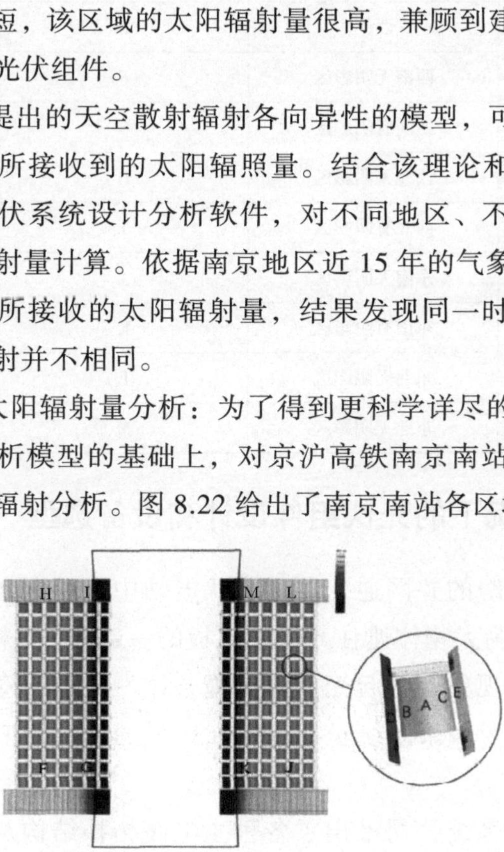

图 8.22 屋顶辐射仿真及区域编号

由于接收太阳辐射最大量的光伏组件方阵朝向西南方向，在建筑领域中，为了减少阳光对室内的直射，降低空调等设备的能耗，建筑的门窗一般朝向东南。由图8.22可以看出，主站房下方的无站台柱雨棚区域的辐射量非常低，主桁架西侧的辐射量也很低。

各区域较南京地区最佳倾角的不同辐射量比见表8.3，表中列出方格屋顶和主桁架屋顶未受主站房挑檐影响的区域、基本站台屋顶的全部区域。从分析各区域的输出效率比可对系统安装区域进行评估。

表8.3 屋顶各区光伏方阵辐射量比

区 域	区域细分	编 号	辐射量/%
方格屋顶	无阴影区	A	85.60
	西边大阴影区	B	69.10
	东边小阴影区	C	80.70
主桁架屋顶	东侧	D	24.50
	西侧	E	96.90
基本站台屋顶	西南无阴影区	F	85.60
	西南有阴影区	G	51.20
	西北无阴影区	H	85.60
	西北有阴影区	I	51.20
	东南无阴影区	J	85.60
	东南有阴影区	K	49.80
	东北无阴影区	L	85.60
	东北无阴影区	M	49.80

8.4.3 遮挡情况下的光伏组件设计和设备选型

在具有双峰跟踪的并网逆变器的光伏电站中，经常会由于建筑物的部分或附近环境中存在高大物体遮住光伏电池板的一部分，如树木、邻近建筑等，这种部分被遮住的现象会引起光伏电池板整体发电量下降，并造成两个以上的局部峰值功率点。如果系统长期工作在较低的局部峰值功率点，系统将损失大量电能。

世界各大光伏系统公司推出了各种主电路拓扑结构及不同控制方式、不同功率等级的产品。据德国汉诺威太阳能研究所报道，同样阵列容量在同样气象条件下，由于采用了不同构造的逆变器，每年送向电网的发电量可相差一倍之多。由此可见，并网逆变器系统技术对于光伏并网发电的重要作用。

采用多个局部功率点跟踪技术，通过采用最新算法实现了对双峰局部最大功率点跟踪，使得系统实时判断并一直工作在最大的局部峰值功率点处，实现发电量最大化。此外，除考虑功率优先级策略、双峰最大功率点跟踪外，并网逆变器的设计还需结合远程监控等技术优势，实现实时监控。现已将研发成果应用于产品和工程中，所开发的并网光伏逆变器取得了权威认证证书。

光伏组件的选型与设计如下：

（1）电池组件的选型：太阳能电池的选用关系到电池效率的发挥以及建筑功能的实现，及系统安全、高效地运行。晶体硅太阳能电池适合用于辐射条件好的位置，以充分利用有限的建筑面积。在工程设计中选用转换效率为 17.75% 的光伏组件，保证光伏电站较高的发电量。

（2）组件排布分析：具体的光伏组件排布需根据阴影的动向进行，以尽可能降低阴影对光伏方阵的影响。同时需结合屋顶的檩条布置进行合理的支架布置，以降低光伏方阵的荷载。根据前面的阴影分析可知，方格屋顶主要受到主桁架产生的阴影的影响，主桁架为南北走向，因此阴影变化为东西向移动。

方格屋顶采用尺寸为 1580mm × 808mm × 50mm 的光伏组件，如横向排列(即光伏组件长边为东西走向)，则阴影在单块光伏组件上停留时间较长，对光伏系统不利；若竖向排列（即光伏组件短边为东西走向），则阴影在单块光伏组件上停留的时间相对横向排列较短，有利于光伏系统性能的提升。

同时，京沪高铁南京南站雨棚采用的是 YX-65-400 镀铝锌压型彩钢直立锁边板(图 8.23)，板间距为 400mm；而光伏组件长边为 1580mm，加上 20mm 的通风散热间隙，共 1600mm(为 400mm 的 4 倍)，模数相匹配。

图 8.23 平屋顶（方格屋顶及基本站台屋顶）光伏组件布置

在光伏建筑一体化项目中，由于安装区域的不规则，有时需要特种光伏组件。针对特种组件串并联对系统效率的影响，通过设计试验，分别研究特种组件的电压、电流、功率等参数对系统效率的影响。数据分析表明，组件功率相近时，有助于得到最优系统效率，即设计光伏发电系统时，将功率相近的组件串并联，受阴影影响相同的组件串联成一路。

（3） 光伏组件固定系统：支架作为光伏系统方阵的主要支撑骨架，其设计关系到系统的安全稳定运行。考虑到施工属于多方协作的复杂体系，这就要求光伏组件支架系统的安装要快速、便捷和安全。

南京南站雨棚的初步设计屋面是采用压型钢板 (图 8.24)，但此种屋面安装支架时需用螺钉穿过屋面板，然后安装固定光伏组件。螺钉中部的黑色部分为橡胶圈，起到防水密封的作用。虽然这种安装方式能达到防水等级的要求，但安装较复杂。

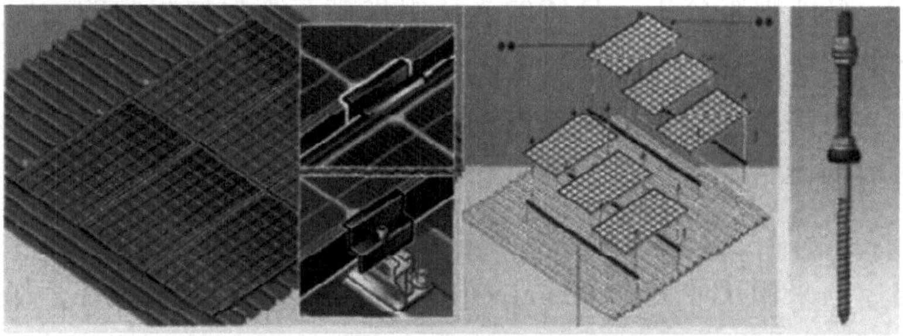

图 8.24　压型钢板及组件固定

因此设计时建议采用直立锁边的屋面。京沪高铁南京南站雨棚屋顶为 0.80mm 厚银灰色 YX-65-400 镀铝锌压型彩钢直立锁边板。通过转接件固定在屋面板的锁边部位，然后再安装支架，不需要用螺钉穿透屋面板，从而提高屋面防水性能，简化安装工序。

在目前节能减排的号召下，京沪高铁南京南站屋顶光伏并网系统关键技术研究与应用的成功实施，对于在城市积极推进光伏建筑发展和建筑新材料使用，加大城市节能减排力度，推广光伏建筑一体化具有重要意义。

8.5　我国首座太阳能大厦 (光电幕墙)

中国首座太阳能大厦——位于河北保定的中国电谷锦江国际酒店，如图 8.25 所示。作为光伏发电进入商住园区和光伏发电与建筑融为一体的示范工程，这座太阳能光伏大厦将太阳能玻璃幕墙融入整体设计之中，建筑的外立面采用大规模呼吸式太阳能玻璃幕墙。整座大厦的发电量可达 0.3MW，发出来的电直接并入电网。项目占地 62 亩的电谷锦江国际酒店只是“电谷广场——1.5MW 太阳能并网发电系统及污水源热泵可再生能源示范项目”的一期工程。整个电谷广场建成后的 1.5MW 光伏并网发电系统，年发电量可达 171 万 kW · h，可替代 1400 吨标准煤，减少二氧化碳排放 1100 吨，成为国内太阳能发电建筑一体化的示范基地。

整个立面体现出印刷电路板式样的设计理念，不锈钢板代表着线路板上的电气元件，太阳能玻璃组件代表导体，导体将元件连接起来就把线路板的理念体现得淋漓尽致。由于采用了不同的结构方式实现太阳能全玻组件与建筑一体化完美结合，它将成为世界上把不同太阳能组件应用方式与建筑结合的标志性建筑。在外围护结构方面，大厦屋顶采用了 5cm 挤塑聚苯板保温，外墙采用 5cm 厚挤塑聚苯板抹灰系统，外窗则采用低能耗中空玻璃铝合金窗。在太阳能并网发电技术应用上，大厦主楼南立面 5 ~ 24 层采用的是呼吸式太阳能玻璃幕墙，大规模、多角度采用了光伏发电技术，安装并网容量为 0.3MW。太阳能发电将并入地方电网，是国内光伏发电的样板工程。光电幕墙与建筑一体化的尝试、创新在国内外尚属首例，解决了制造、安装、技术等难题。

图 8.25　太阳能大厦（中国电谷锦江国际酒店）

8.6　青岛客运站（奥运会光伏一体化标志性工程）

青岛客运站建筑呈“U”形布局（图 8.26)，形成开阔的欧式风格站房，雨棚采用拱形单层网壳屋面承重体系，上敷实芯阳光板，在广场南部架设空中观光连廊，上敷设光伏组件板，利用太阳能发电为客运站提供部分电力，并提升青岛火车站的形象，为节能减排起到表率作用。由于青岛站建筑设计中要求光伏组件安装后具备雨棚基本的采光遮阳挡雨功能，因此光伏组件板组件采用夹胶玻璃类型，符合国家规范对建筑采光顶的要求，确保安全功能。采用非晶硅薄膜电池，外层为高透低铁超白玻璃，比普通玻璃可以透过更多的太阳光，充分利用光能，在弱光的早晨、傍晚、雨天也能发电。光伏组件表面呈深褐色，内表面为银色，并镀有 Low-e 膜，具有良好的建筑热工性能，保温隔热效果与双层 Low-e 玻璃相当。内侧银色与室内装饰效果能很好地结合，并能衬托室内简洁典雅的风格。组件尺寸与建筑分格一致，透光线条统一，骨架和线槽安装隐蔽，没有凌乱无序感，达到装饰与结构完美结合。

图 8.26 太阳能光伏车站——青岛客运站

8.7 全国铁路系统光伏建筑一体化（BIPV）部分工程

该项目位于广东省广州市和深圳市，2009 年 12 月开工，2010 年 12 月竣工。广州南站位于东经 114°，北纬 22° 62′；年平均太阳辐射 4500MJ/m²，年平均日照时数 1900 小时。站台雨棚采用 178Wp 单晶硅双玻组件 1424 块，德国 SMC10000TL 逆变器 24 台，安装面积 5016m²，装机量 253.47kW，年发电量 26 万 kW · h。广州南站光伏一体化效果图如 8.28 所示。

图 8.27 广州南站屋顶光伏发电站

深圳北站位于东经 113° 55′，北纬 22° 4′；年平均太阳辐射 5225MJ/m²，年平均日照时数2120小时。屋面采用109Wp单晶硅双玻组件4600块，5台100kW逆变器，安装面积7896m²，装机量501.4kW，年发电量53.7万kW·h。

图8.28 深圳北站屋顶光伏发电站

本章小结

BIPV建筑首先是一个建筑，它是建筑师的艺术品，就相当于音乐家的音乐，画家的一幅名画，而对于建筑物来说光线就是他的灵魂，因此建筑物对光影要求甚高。一个建筑物的成功与否，关键一点就是建筑物的外观效果。

本章介绍武汉国际博览中心、上海中国馆、世博中心等光伏建筑一体化项目，从技术性和美学性两方面，提出在建筑方案阶段就将光伏板纳入构思中，根据光伏板对光照的要求，利用光伏板特殊的颜色、肌理、构造与建筑进行整合，使之成为建筑物的一个有机组成部分。

光伏发电站设计包括：组件的选择、支撑系统、系统防雷、光伏区域划分（光伏阵列）等设计，还有逆变器选型、并网设计（逆功率控制系统）、通信与监测系统、工程项目总结等。

在光伏建筑一体化系统中，涉及建筑周围环境的影响，必须研究安装建筑物的阴影情况，同时要实现最大发电量，需解决光伏方阵最佳倾角的问题。

本章习题

1. 武汉国际博览中心光伏建筑一体化有哪些特点？

2. BIM技术在国博光伏发电项目中的应用特色有哪些？

3. 上海世博会中的光伏发电由哪几部分组成？

4. 青岛客运站光伏发电特色有哪些？

5. 全国铁路系统光伏建筑一体化（BIPV）工程主要在哪几座城市？特色如何？

第 9 章　太阳能光伏电站部分案例

广西比迪光电科技工程有限责任公司是一家专业的可再生能源利用企业。是广西建筑节能协会副理事长单位、广西太阳能协会常务理事单位。公司位于南宁市高新区滨河路 9 号，坐落在绿城南宁高新技术产业开发区美丽的湿地公园旁。

公司目前在建或已经完成的项目有：田东县国家级可再生能源建筑应用示范县项目、田阳县古鼎香光伏电站项目、田阳县太阳能示范项目、天峨县太阳能示范项目、金陵镇太阳能示范项目、石表山景区太阳能示范项目、桂嘉汇房产光伏发电项目、北部湾大厦光伏发电项目、广西水电学院地源热泵中央空调项目、钦州人和春天太阳能热水工程项目等，拥有《一种可变拓扑结构的太阳能光伏发电系统》、《一种可变拓扑结构的太阳能光伏组件集成单元》等多项专利授权。

9.1　田阳县古鼎香园区 2MWp 光伏电站项目

9.1.1　光伏电站工程概况

（1）项目名称：2MWp 中型并网光伏电站项目。

（2）建设地址：田阳县古鼎香园区。

（3）田阳县太阳能资源较丰富：年平均日照 1869 小时，日平均日照时间 5.12 个小时，年平均太阳光总辐射量为 1327.62kW · h/m^2。该资源条件具有很高的开发价值，项目符合当地政府新能源产业发展方向，能有效优化当地电力系统能源结构，减轻环保压力。

（4）项目拟建设 2MWp 中型并网光伏电站及其配套设施，配合田阳县可再生能源建设。使用园区内建筑物的顶面进行建设，计划占地面积 15000 m^2。系统设计采用分块发电、集中并网方案，将 2MWp 系统分成 4 个 500kW 的并网发电子系统，每个 500kW 的并网发电单元都接入 10kV 升压站的 0.4kV 低压配电柜，并入低压交流电网，最终实现整个光伏电站并网发电。

（5）项目总投资金额2814万元，国家节能补贴资金约1100万元。项目运营后预计年平均发电效益可达207.3153万元人民币，25年电量销售总额5182.883万元。

（6）太阳能光伏发电是绿色能源产业，可以减少温室气体排放，是国家大力提倡和扶持的电力产业。该电站并网发电平均每年节约837.55吨标准煤，同时减少2227.88吨二氧化碳的排量指标。本项目的实施不仅供应了田阳县古鼎香园区的能源，而且获得了可观的节能减排指标，优化了当地能源和工业结构。

9.1.2 光伏电站方案设计

1. 气候条件

田阳县隶属百色市，居北回归线上，处于东经106° 53′ –107° 26′，北纬23° 16′ –24° 01′，地处广西西南部右江盆地。当地太阳能资源较丰富：年平均日照1869小时，日平均日照时间5.12个小时，年平均太阳光总辐射量1327.62kWh/m^2。

2. 设计内容

项目拟建设2MWp并网光伏电站，系统不配置储能装置，太阳能电池将日光转换成直流电，通过逆变器变换成三相400V交流电，并网供电。项目所需要建设的内容如下：

（1）2MWp光伏电站和高压输电网并网的总体设计。

（2）大型光伏电站与高压电网并网接入系统和保护装置开发。

（3）单台功率为500kW的三相光伏并网逆变器的引进、消化吸收。

（4）研究采用多机并联方式实现大型光伏并网逆变系统的控制调度策略。

（5）研究多台逆变器同时并网的互相影响及对策。

（6）大型光伏电站运行参数监测及远程数据传输和远程控制技术。

（7）开发功能完备的大型光伏电站中心监控软件。

（8）中型并网光伏电站技术、经济、环境评价。

3. 系统组成

2MWp并网光伏电站，设计采用分块发电、集中并网方案。由于太阳能电池组件和并网逆变器都是模块化的设备，2MWp光伏电站可以分为2个

1MWp 的子系统，而 1MWp 的子系统也由更小的子系统组合而成。每个 1MWp 发电单元采用 2 台 500kW 并网逆变器的方案。每个光伏并网发电单元的电池组件采用串并联的方式组成多个太阳能电池阵列，太阳能电池阵列输入防雷汇流箱后接入直流配电柜，然后经光伏并网逆变器和交流防雷配电柜并入 0.4kV/10kV 变压配电装置实现并网。光伏发电系统拓扑结构如图 9.1 所示。

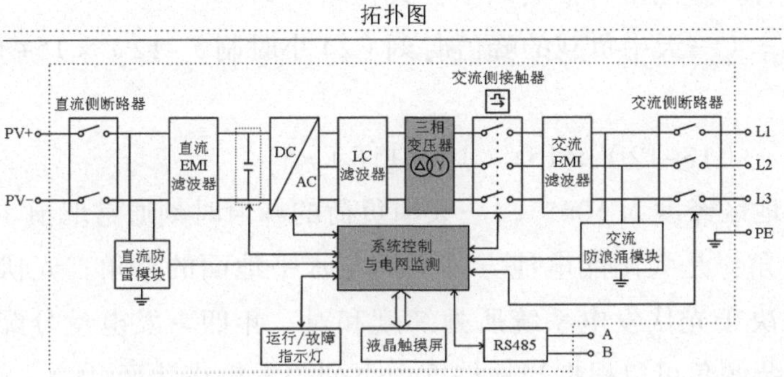

图 9.1 光伏发电站系统拓扑图

系统主要由太阳能电池组件、光伏阵列防雷汇流箱、直流防雷配电柜、光伏并网逆变器及相关配件组成。另外，系统还配置 1 套综合监控装置，用来监测系统的运行状态和工作参数。

4. 电池板阵列设计

系统选用东营光伏 250Wp 太阳能电池组件，其最大功率电压为 31.2V，开路电压 37.6V，最大功率电流为 8.0A，短路电流 8.55A。西安特变电工 500kW 并网逆变器的直流工作电压范围为：500Vdc~820Vdc，较好的直流电压工作点约为：600Vdc。经过计算：820V/31.2=26，得出：每个光伏阵列最多可以采用 26 块电池组件串联。最佳效率：600V/31.2V=19，考虑到串联总数的容量限制及其损耗，得出每个光伏阵列可采用 20 块电池组件串联效率较好。每个光伏阵列的峰值工作电压：20 × 31.2=624V，满足逆变器的工作电压范围。

（1）电池板阵列设计。根据逆变器的容量及其效率，采用 20 块 250Wp 电池组件串联成一个电池串；100 组电池板组串经过汇流箱并联后输入一个 500kWp 光伏并网逆变器。每个光伏阵列的峰值工作电压：624V，容量为 5000W，满足 500kW 逆变器的工作范围。整个 2MWp 并网系统配置 2000000/250 = 8000 块 250 Wp 电池板组件，共 400 个组串并联。

（2）最优角度设计：

①方位角：太阳能电池方阵的方位角是方阵的垂直面与正南方向的夹角，一般情况下，方阵朝向正南时，太阳能电池发电量是最大的。在偏离正南30° 时，方阵的发电量将减少10%～15%；在偏离正南60° 时，方阵的发电量将减少20%～30%。但是，在晴朗的夏天，太阳辐射能量的最大时刻是在中午稍后。方位角可根据以下公式粗略计算：

方位角 =（一天中负载的峰值时刻（24小时制）–12）× 15+（经度 –116）

即：

方位角 =（13–12）× 15+（106–116）=5°

式中：百色地区经度为106° ，一天中负荷的峰值时刻通常取值13时。

②倾斜角：是太阳能电池方阵平面与水平地面的夹角，光伏组件倾角的设计主要取决于光伏发电系统所处纬度和对一年四季发电量分配的要求，光伏组件的安装倾角可以根据当地纬度由下列关系粗略计算：

- 对于南方一年四季发电量要求基本均衡的情况，可以采用所在纬度加4°~5° 的组件水平倾角。
- 对于要求冬季发电量较多情况，可以采用所在纬度加7°~9° 的组件水平倾角。
- 对于要求夏季发电量较多情况，可以采用所在纬度减4°~5° 的组件水平倾角。

表9.1 光伏发电系统所处纬度与光伏组件水平倾角关系表

光伏发电系统所处纬度	光伏组件水平倾角
纬度0° ～25°	倾角等于纬度
纬度26° ～40°	倾角等于纬度加5° ～10°
纬度41° ～55°	倾角等于纬度加10° ～15°
纬度 >55°	倾角等于纬度加15° ～20°

根据参阅相关资料可知，百色市居北回归线上，位于东经106° 07′ ~106° 56′，北纬23° 33′ ~24° 18′ 之间。其所在地光伏组件安装的倾斜角应等于当地纬度，即23° 。

根据各倾斜面太阳能辐射量计算结果可知：每日水平面上日平均太阳能辐照峰值时数为：3.76kW · h；安装倾角为14° ~17° 为最佳倾角范围，在该范围内太阳能辐照峰值时数为：3.86kW · h。在选择最优角度时，充分利用屋顶的面积，增大安装容量，接收最大的辐射量，尽量减小风力对光伏组件的影响以及安全等因素。综上因素，选择最佳的安装方式为：正南向安装，倾角为 23°。

（3）组件排列与方阵间距。在太阳能光伏设计中，电池阵列的布置很重要。阵列件的距离对电站的输出功率和转换效率非常重要，错误的安装会导致后排的太阳光被前排遮挡。确定原则为冬至当天的 9:00 至下午 3:00，太阳能方阵不应被遮挡。方阵间距大小可根据以下公式计算：

$$H=L\cdot\sin\alpha=1.65*\sin23°=0.6435\text{m}$$

$$D=\frac{0.707H}{\tan[\arcsin(0.648\cos\varphi-0.399\sin\varphi)]}\approx0.9\text{m}$$

式中：H 为太阳能电池方阵高度；电池板安装倾角为 $\alpha=5°$；百色地区纬度 $\varphi=23°$。

图 9.2 为太阳能电池方阵前后间距的计算参考。

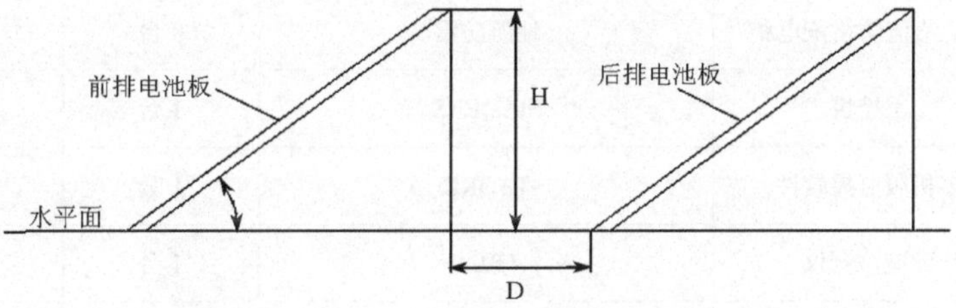

图 9.2 为太阳能电池方阵前后间距

组件的排列既要考虑降低以后的施工难度，又要考虑能最大化地利用安装面积，同时结合现场情况预留足够的维修空间。综合考虑，现场组件横向三排布置为主要安装方式，太阳能发电板以正南向安装，安装倾角设置为 5°。另外屋顶空间有限，太阳能方阵间距取值 0.9m 为最佳，可以满足现场安装要求。

5. 防雷汇流箱设计

配置一个 16 路的汇流箱，即可把相同规格的 16 路电池串列输入经汇流后输出 1 路直流，具有以下特点：

（1）防护等级 IP65，防水、防锈、防晒，完全满足户外安装使用要求。

（2）可同时接入 16 路电池串列，每路电池串列最大允许电流可达 15A；最大输出电流 250A。

（3）宽直流电压输入范围，电池组串最大允许开路电压可达1000V。

（4）电池串列的正负极都配有光伏专用高压直流保险熔丝进行保护。

（5）直流输出母线的正极对地、负极对地、正负极之间配有专用防雷保护器。

6. 系统主要设备配置清单

田阳县古鼎香园区2MWp中型并网光伏电站项目主要设备配置清单如表9.2所示。

表9.2 田阳县古鼎香园区2MWp中型并网光伏电站项目主要设备配置清单

序号	名 称	型号规格	数 量	备 注
1	太阳能电池板	东营光伏 250Wp	8000块	
2	光伏并网逆变器	西安特变电工 TBEA-GC-500K3	4台	
3	光伏阵列防雷汇流箱	地凯防雷	40台	
4	交、直流防雷配电柜	地凯防雷	8台	
5	工控机	SIEMENS	1台	
6	多机版监控软件	TAOKE	1套	
7	环境监测仪	TBEA	1台	
8	系统的防雷和接地装置	地凯防雷	1套	
9	系统辅材配件及杂项	国标	1套	

7. 系统数据记录展示与传输部分

（1）系统各个数据采集装置。采集环境数据（日照、温度、风力等）与电力数据（直流分列电压电流、直流分组电压电流、交流电压电流频率等）信息。

（2）数据记录通信装置。记录保存各种环境与电力信息同时将数据整理汇总以定义的格式提供给展示装置与外部电力监测中心。

（3）数据记录通信装置通过通信功能可以实时向远端提供系统运行状态以及各种历史数据，为售后服务提供便利。

（4）系统检测数据表。通过2013年发电（7–10月份）试运行期间间断性记录，田阳县古鼎香园区2MWp光伏电站监控界面电站基本信息如图9.3~图9.8所示。

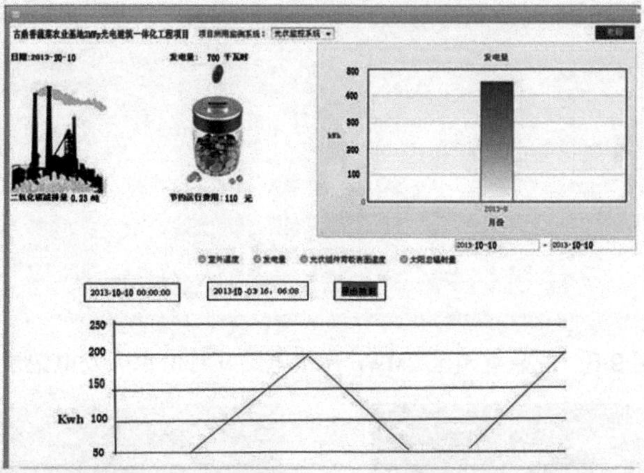

图 9.3 田阳县古鼎香园区 2MWp 光伏电站监控界面首页

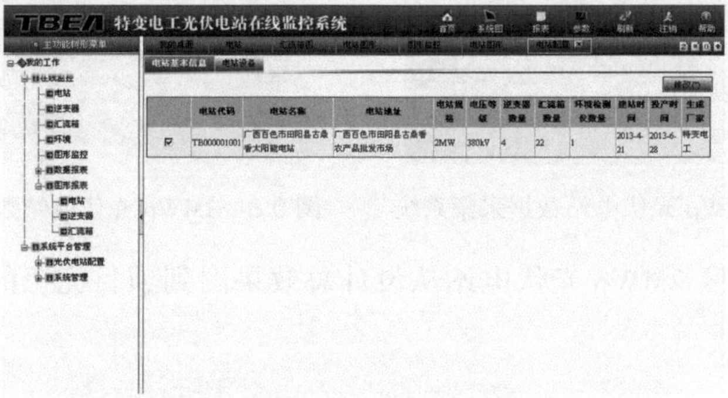

图 9.4 古鼎香园区 2MWp 光伏电站各类数据界面

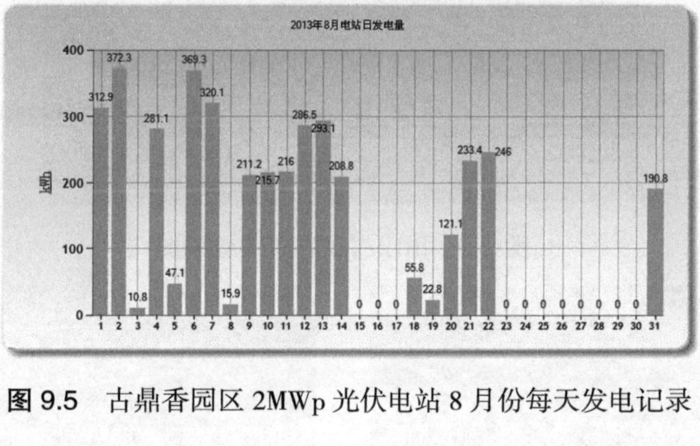

图 9.5 古鼎香园区 2MWp 光伏电站 8 月份每天发电记录

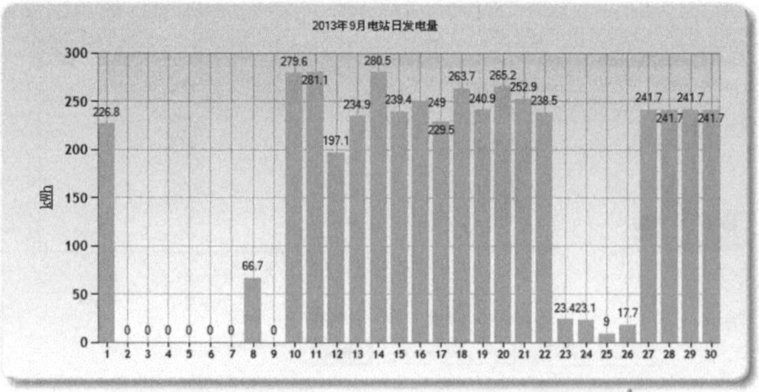

图 9.6 古鼎香园区 2MWp 光伏电站 9 月份每天发电记录

图 9.7 2MWp 光伏电站数据采集系统

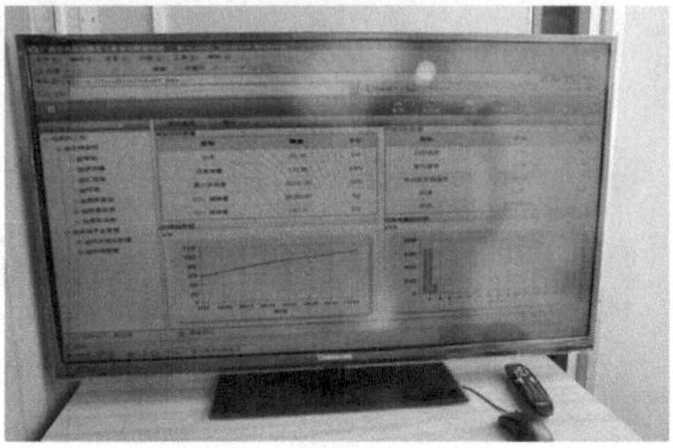

图 9.8 2MWp 光伏电站数据显示系统

古鼎香园区 2MWp 光伏电站从设计总效果图到项目完工的部分照片如图 9.9 和图 9.10 所示。

图 9.9 田阳古鼎香总体效果图

图 9.10 田阳县古鼎香园区 2MWp 中型并网光伏电站项目

9.1.3 光伏电站发电量效益

1. 光伏发电系统效率

光伏发电系统效率受很多因素的影响，包括当地温度、污染情况、光伏组件安装倾角、方位角、光伏发电系统年利用率、太阳能电池组件转换效率、周围障碍物遮光、逆变损失以及光伏电站线损等。将计算方法简化后，光伏发电并网系统的总效率由光伏阵列的效率、光伏并网逆变器转换效率和其他效率（主要是升压变压器效率）三部分组成。

（1）光伏阵列效率 η_1：光伏阵列在 1000W/m² 太阳辐射强度下，实际的直流输出功率与标称功率之比。光伏阵列在能量转换过程中的损失包括：组件的匹配损失、表面尘埃遮挡损失、不可利用的太阳辐射损失、温度影响、最大功率点跟踪精度及直流线路损失等，按当地纬度设定光伏阵列表面倾斜度，可以大大提高光伏阵列的效率，取效率 90% 计算。

（2）光伏并网逆变器转换效率 η_2：光伏并网逆变器输出的交流电功率与直流输入功率之比，取效率 97% 计算。

（3）其他效率 η_3：从逆变器输出至电网的传输效率等因素，取效率 $\eta_3=95\%$ 计算。

（4）系统总效率为：$\eta_{总}=\eta_1\times\eta_2\times\eta_3=90\%\times97\%\times95\%=82.94\%$

2. 衰减率预测

经测试采用的太阳能电池板平均年衰减率（即光致衰退率）约为 0.5%，使用寿命长。

3. 发电量估算

田阳县平均的年光热辐射 114.34 千卡 /cm²。

平均每日峰值日照时数为：

$$(114.34\times1000\times0.0116)/365=3.634\ (h)$$

年峰值发电时间为：

$$3.634\times365=1326.41(h)$$

由上述内容可知，本项目总装机容量为 2MWp，年发电量约为：

$$2\times1000000\times1326.41=2652820\ (kW\cdot h)$$

则该光伏电站理论上一年可发电 265.282 万 kW · h。若考虑光伏发电系统效率为 82.9%，根据采用的太阳电池衰减率为 0.5%，综合计算可得出以下并网光伏示范电站 25 年发电量。

表 9.3 田阳县古鼎香园区 2MWp 中型光伏电站年发电量预测

年　份	发电量（万 kW·h）	年　份	发电量（万 kW·h）
1	220.0249	14	206.1441
2	218.9248	15	205.1134
3	217.8302	16	204.0878
4	216.7405	17	203.0674
5	215.6568	18	202.0521
6	214.5785	19	201.0418
7	213.5056	20	200.0366
8	212.4381	21	199.0364
9	211.3759	22	198.0412
10	210.3191	23	197.0510
11	209.2674	24	196.0657
12	208.2211	25	195.0854
13	207.1780		
25 年发电量总和	5182.883	平均每年发电量	207.3153

9.1.4 环境影响评价

2MWp 中型并网光伏电站采用支架基础，土建工程量小，整个施工对该区域的环境质量及生态环境影响基本可以忽略。由于没有运动部件没有噪声，对周围环境没有不利影响。随着工程的建设，该区域出现了新的人文景观，改善区域的面貌，美化环境。

项目建成后，25 年内该系统年平均发电量约为 207.3153 万 kW·h。年节约标煤及减排 CO_2 量（以国家统计局每万度电折 4.04 吨标准煤，作为电力折算标准煤系数，减排 CO_2 量按 1 吨标煤等于减排二氧化碳 2.66 吨进行计算）：

年节约标煤：207.3153 × 4.04 = 837.55（吨 / 年）

减排 CO_2 量：837.55 × 2.66 = 2227.88（吨 / 年）

项目平均每年节约 837.55 吨标准煤，同时减少 2227.88 吨二氧化碳排放，节省的二氧化碳排量有助于扩大工业区的规模。

项目的实施不仅供应田阳县古鼎香园区的能源，而且获得可观的节能减排指标，优化了当地能源和工业结构。项目对于促进田阳县的工业发展，乃至西部地区经济发展有重大意义。

9.1.5 投资经济预算

按照现在国内的光伏发电的行情标准，可以按 14 元 /W 预算，2MWp 并网光伏电站项目预计总投资约 2814 万元，根据金太阳示范工程的补贴标准，对并网光伏发电项目，2012 年用户侧光伏发电项目的补助标准确定为 5.5 元 / W。预计本项目可申请金太阳补助资金 1100 万元。2012 年国家发改委发布《关于完善太阳能光伏发电上网电价政策的通知》称，按照社会平均投资和运营成本，参考太阳能光伏电站招标价格，以及中国的太阳能资源状况，对非招标太阳能光伏发电专案实行全国统一的标准上网电价：0.86 元 / （kW · h）。以下 2 个表是相关的财务评价指标表。

表 9.4 田阳县古鼎香 2MWp 光伏发电站的效益表

光伏电站容量	2MWp
该项目投入资金总量	2800 万元
国家补贴资金 (5.5 元 /W)	900 万元
项目规划用地	古鼎香园区约 15000m^2
25 年总发电量	5182.883 万 kW · h
平均每年发电量	207.3153 万 kW · h
约定上网电价	0.86 元 / （kW · h）
电站平均每年发电收益	178.2912 万元
电站 25 年发电收益总值	4457.279 万元
项目的投资回收期	13 年
平均每年节约标准煤	837.55 吨 / 年
平均每年减排二氧化碳	2227.88 吨 / 年

表 9.5 2MWp 光伏发电站项目所需要的支持条件

1	2MWp 大型并网光伏电站所需的土地拟规划厂房屋顶用地，计占用厂房屋顶面积 15000m^2
2	田阳县城内拟规划运营、办公用地：5000 m^2 建设电站运营楼，作为项目管理及设备中心
3	希望得到当地政府部门的支持，得到专项扶持
4	希望当地政府提供优惠的税收政策
5	获得专项资金扶持及良好的融资渠道

9.2 太阳能光伏电站其他应用案例

9.2.1 广西比迪光电公司光伏发电部分项目

1. 百色海事船光伏项目

光伏组件安装面积约占船顶面积 140 m^2。项目设计建造 20kWp 小型光伏发电及其配套设施，形成百色海事船光伏发电可再生能源示范项目。利用海事船顶面建设 20kWp 光伏发电系统，通过 1 台 20kW 并网逆变器接入 0.4kV 交流电网，实现发电功能。系统可配置 1 套监控装置，实时监测并网发电系统的运行参数和工作状态。其安装光伏发电效果如图 9.11 和图 9.12 所示。

图 9.11 广西百色海事船

图 9.12 百色海事船船顶光伏电站

2. 北部湾光伏项目

建设地址：南宁市北部湾大厦，光伏系统为 1 个 50kWp 发电单元，通过 1 台 50kW 并网逆变器接入 0.4kV 交流电网，实现发电功能。系统可配置 1 套监控装置，实时监测并网发电系统的运行参数和工作状态，如图 9.13 所示。

图 9.13 北部湾项目光伏电站侧视图和俯视图

3. 大嘉汇太阳能发电项目

大嘉汇太阳能发电项目如图 9.14 所示。

图 9.14 大嘉汇楼顶太阳能发电图片

9.3 广西拓瑞能源有限公司部分光伏发电项目

广西拓瑞能源有限公司是一家专业的新能源服务企业。公司是广西科技协会会员单位、广西太阳能协会副会长单位。公司主营范围：太阳能光伏发电、地（水）源热泵、风力发电等。公司先后成功申报国家级可再生能源示范城市四个，承建国家级“金太阳”、“BIPV”太阳能光伏发电项目 25 个，项目覆盖广西、山东、陕西、广东、新疆等地。

9.3.1 南宁富士康科技园 2.5MWp 光伏电站项目

1. 光伏电站工程概况

（1）项目名称：2 .5MWp 中型并网光伏电站项目。

（2）建设地址：南宁市沙井街道同乐大道 51 号富士康园区

（3）气象条件：南宁位于北回归线南侧，属湿润的亚热带季风气候，年平均气温在 21.6℃左右，极端最高气温 40.4℃，极端最低气温 -2.4℃。冬季最冷的 1 月平均 12.8℃，夏季最热的 7、8 月平均 28.2℃，平均日照时数 1537h。

（4）项目简述：使用园区内建筑物的顶面进行建设，计划占地面积 25000m²，共 5 个建筑屋面（B01、B02、B03、B04、B39）。系统设计采用分块发电、集中用户侧并网方案，采用古瑞瓦特 20kW 小型逆变器，将 2.5MWp 系统分成 124 个 20kW 的并网发电子系统，以每个屋面为子单元计算。其中 B01 屋面 24 个 20kW 并网发电单元，B02 屋面 25 个 20kW 并网发电单元，B03/B04 屋面各 33 个 20kW 的并网发电单元，B39 屋面 9 个 20kW 并网发电单元，将逆变出来的交流电汇入专用的光伏交流配电柜，最后接入10kV变压站的0.4kV低压配电柜，并入低压交流电网，最终实现整个光伏电站并网发电。

2. 光伏电站方案设计

（1）设计内容。本项目拟建设2.5MWp并网光伏电站，系统采用用户侧并网方式，不配置储能装置，太阳能电池板将日光转换成直流电，通过逆变器变换成三相400V交流电，并网供电。

（2）系统组成。2.5MWp并网光伏电站，设计采用分块发电、集中并网方案。太阳能电池组件和并网逆变器都是模块化的设备，2 .5MWp光伏电站分部于五个楼上，并以各自楼为一个子单元集中并网，每个楼面有多台20 kW的三相光伏并网逆变器。其中B01总设计容量为483.83kWp，采用24台20 kW光伏逆变器；B02总设计容量为504.00kWp，采用25台20 kW光伏逆变器；B03/B04总设计容量均为665.28Wp，采用33台20 kW光伏逆变器；B39总设计容量为181.44kWp，采用9台20 kW光伏逆变器。每个光伏并网发电单元的电池组件采用串并联的方式组成太阳能电池阵列，太阳能电池阵列直接输入20 kW光伏逆变器，经逆变出来的交流电以五个或六个光伏逆变器并联接入一个交流电缆分支箱，经交流电缆分支箱的汇流后，送至光伏交流配电柜，然后经光伏交流配电柜并入楼宇内0.4kV配电网。

系统主要由太阳能电池组件、光伏逆变器、交流电缆分支箱、光伏交流配电柜及相关配件组成。另外，系统的每个楼面还配置1套综合采集监控装置，用来采集监测系统的运行状态和工作参数，BO4楼面上还配置一套环境监测系统，用于监测当地的环境。

（3）电池板阵列设计。系统选用海润光伏240Wp太阳能电池组件，其最大功率电压为29.67V，开路电压37.25V，最大功率电流为8.09A，短路电流8.48A。深圳古瑞瓦特20kW并网逆变器的最大支流输入功率为20800W，最大直流输入电压为1000V，启动电压为350V，支流输入电压范围为180~1000V，MPPT电压范围 / 额定输入电压为300~1000V/600V，满载MPPT电压范围为400~800V，各组串最大输入电流为20A。综合逆变器的总功率、直流工作电压以及直流工作电流等因素，得出：20000W/240W=83.3，即一台逆变器最多可接入84块240W的电池板，考虑到电池板的数量、逆变器的MPPT额定输入电压和逆变器最大发电效率，电池板组件最佳的串联数量为21块一组。每个光伏阵列的峰值工作电压：$21\times29.67=623.07V$，满足逆变器的工作电压范围。实际中结合考虑到逆变器的容量及其效率，采用21块240Wp电池组件串联成一个电池串；因串联电流的不变性、逆变器的最大输入为15A、电缆线及电池板串联的损耗性，因此采用21块电池板为一个组串，并以两个组串先并联再接入逆变器。

①最优角度设计：本项目为保证发电效率最大化，拟采用最佳倾角设计，角度安装方式为：正南向安装，倾角为18.82°（数据采用GB50797–2012《光伏发电站设计规范》光伏阵列最佳倾角参考值），现场安装取18°。

②组件排列与方阵间距：在太阳能光伏设计中，电池阵列的布置非常重要。阵列件的距离对电站的输出功率和转换效率非常重要，错误的安装会导致后排的太阳光被前排遮挡。一般确定原则为冬至当天的9:00至下午15:00，太阳能方阵不应被遮挡。方阵间距可通过PVsyst6软件得出结果。

组件为两块竖向布置，组件尺寸为1640×992，则两块竖向组件长度为3.3m，得出间距（组件安装最高点到下一排组件安装最高点距离）为4.5m。

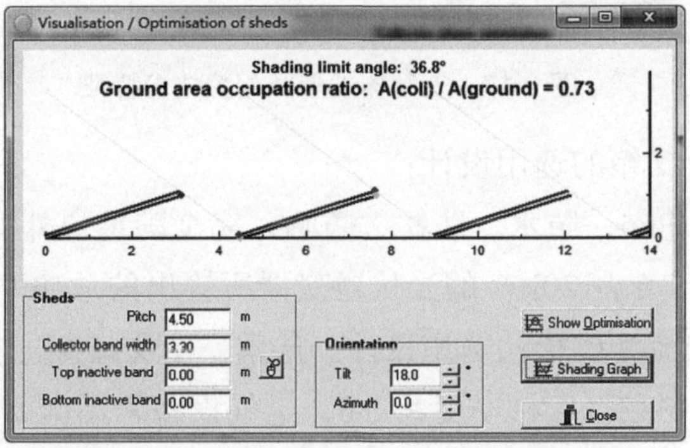

图9.15 通过PVsyst6软件设计光伏方阵间距

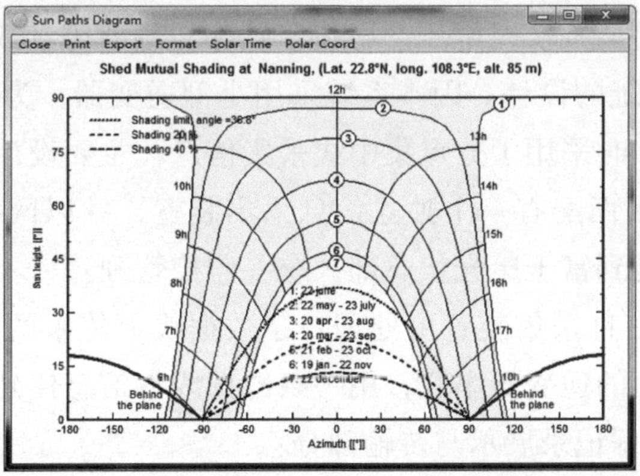

图9.16 通过PVsyst6软件检验光伏方阵间距4.5m效果图

由图 9.16 可知，在间距为 4.5m 时，南宁（纬度 22.8°，经度 108.3°）冬至日早上 9h ~ 15h 经模拟为无遮挡。

（4）逆变器的选用要求。选用一个 20kW 的逆变器，具有以下特点：

①防护等级 IP65，防水、防锈、防晒，完全满足户外安装使用要求。

②最高效率 98%，MPPT 效率 99.5%。

③宽直流电压输入范围，电池组串最大允许开路电压可达 1000V。

④逆变器本身自己带有漏电、过载、防雷及短路保护等功能。

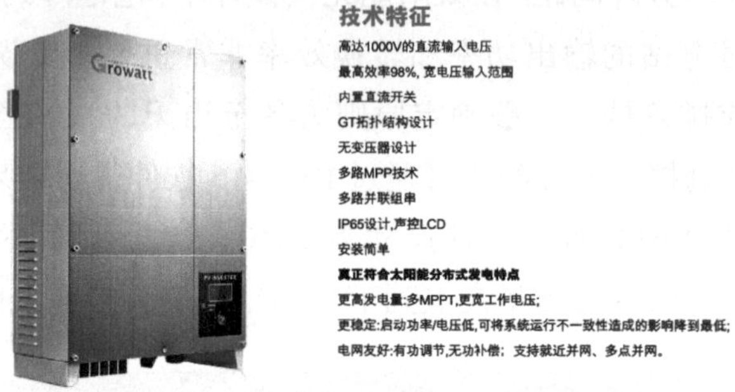

图 9.17 变频器外形及相关技术特征

（5）电缆分支箱的选用设计：

①防护等级 IP65，防水、防锈、防晒，完全满足户外安装使用要求。

②最多可接入 6 台 20kW 的光伏逆变器所输出的总功率。

（6）光伏交流配电柜的选用设计。选用一个交流配电柜具有以下特点：

①防护等级 IP32，板材厚度 ≥ 2.0，电气设备采用施耐德品牌。

②内置电气设备以各自楼面所安装的总容量相匹配，最多可接入由 4 台电缆分支箱汇流的总功率。

③电气设备可监控实时电压、电流、功率、频率等参数。

（7）监控系统的设计。因本系统采用小型逆变器，为方便对各个逆变器的实时监控，设计时采用了分点集中式采集信息，主要设计要求是：

①每个单元楼面配有一个独立信息采集装置，并以网络方式上传到采集中心，再汇集上传到富士康光伏总部，统一监控管理。

②每个独立信息采集装置可处理一条数据线上传来的多个信息，因此，设计上将每个楼面的逆变器串联，用一条数据线将信息传到信息采集装置。

（8）系统数据记录展示与传输部分：

①系统各个数据采集装置：为数据记录通信装置提供环境数据（日照、

温度、风力等）与电力数据（直流分列电压电流、直流分组电压电流、交流电压电流频率等）信息。

②数据记录通信装置：记录保存各种环境与电力信息，同时将数据整理汇总以定义的格式提供给展示装置与外部电力监测中心。

③数据记录通信装置通过通信功能可以实时向远端提供系统运行状态以及各种历史数据，为售后服务提供便利。

（9）系统主要设备配置清单。南宁沙井富士康园区 2 .5MWp 中型并网光伏电站项目主要设备配置清单如表 9.6 所示。

表 9.6　南宁沙井富士康园区 2 .5MWp 中型并网光伏电站项目主要设备配置清单

序　号	名　称	型号规格	数　量	备　注
1	太阳能电池板	海润光伏 240Wp	10461 块	
2	深圳古瑞瓦特	深圳古瑞瓦特 Growatt 20000UE	124 台	
3	电缆分支箱	地凯防雷	23 台	
4	交流防雷配电柜	地凯防雷	8 台	
5	工控机	富士康科技	1 台	
6	监控软件	富士康科技	1 套	
7	环境监测系统	富士康科技	1 台	
8	系统的防雷和接地装置	地凯防雷	1 套	
9	系统辅材配件及杂项	国标	1 套	

如图 9.18、图 9.19 分别是南宁沙井富士康园区 2.5MWp 光伏电站支架安装效果图，以及中型并网光伏电站项目逆变器房。

图 9.18　光伏电站支架安装效果图

图 9.19　中型并网光伏电站项目逆变器房

9.3.2　南宁五象新区三馆 530kWp 光电建筑示范项目

本工程项目建设所选址分别位于南宁市广西城市规划建设展示馆和广西

美术馆的屋面上。经实地勘测，可利用规划馆和美术馆屋面进行光伏电站建设，所有建筑整体南北走向，屋顶为混凝土水泥钢筋瓦屋面，东、西、南侧均无明显的高大近距离障碍物，对房屋屋顶的光照没有遮挡，屋面载重符合要求，完全可以在屋顶架设太阳能光伏组件。建筑主体朝向佳，太阳能开发利用资源条件较好。本项目中的太阳能方阵作为屋顶的隔热层，实现了光伏组件的建筑构件化，便于此类项目在类似地区得到进一步推广。广西规划馆光伏电站效果如图 9.20 所示。

图 9.20 广西美术馆光伏电站效果图

1. 光伏阵列经双向逆变器给蓄电池充电，同时并网发电

并网发电功率由测控装置根据当地负荷的实际功率来调整，在光照能量不足时，可由蓄电池提供能量。

并网系统通过升压变压器接入 10kV 高压电网，升压并网系统应采用单独的上网变压器，向上级电网输电。10kV 电网接入如图 9.21 所示。

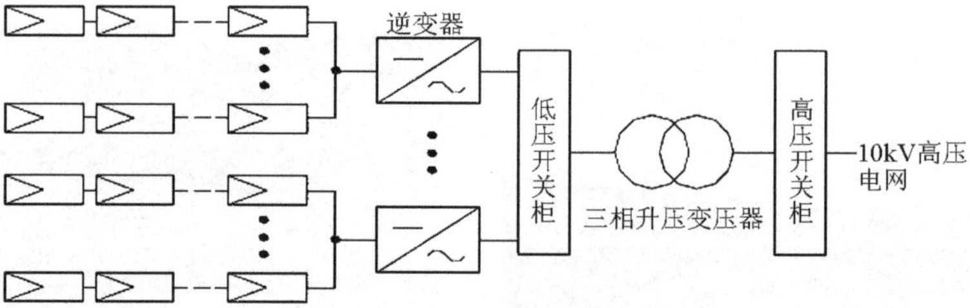

图 9.21 10kV 高压并网发电系统

高压并网发电系统应由供电部门进行接入系统的设计，高、低压开关柜应设有开关保护、计量和防雷保护装置，实际并网的发电量应在高压侧计量。

2．电能计量

光伏电站接入电网前，应明确上网电量和上网电量计量点。计量点原则上设置在产权分界的光伏电站并网点。每个计量点均应装设电能计量装置，其设备配置和技术要求符合 DL/T448《电能计量装置技术管理规程》，以及相关标准、规程要求。

电能表采用静止式多功能电能表，技术性能符合 GB/T17883《0.2S 和 0.5S 级静止式交流有功电度表》和 DL/T 614《多功能电能表》的要求。电能表至少应具备双向有功和四象限无功计量功能、事件记录功能，配有标准通信接口，具备本地通信和通过电能信息采集终端远程通信的功能，电能表通信协议符合 DL/T 645《多功能电能表通信协议》。采集信息应接入电网调度机构的电能信息采集系统。

大型和中型光伏电站的同一计量点应安装同型号、同规格、准确度相同的主、副电能表各一套。主、副表应有明确标志。

3. 通信与信号

（1）基本要求。大型和中型光伏电站必须具备与电网调度机构之间进行数据通信的能力。并网双方的通信系统应以满足电网安全经济运行为前提，满足继电保护、安全自动装置、调度自动化及调度电话等业务对电力通信的要求。

光伏电站与电网调度机构之间通信方式和信息传输由双方协商一致后作出规定，包括互相提供的模拟和开断信号种类提供信号的方式和实时性要求等。一般可采用基于 IEC-60870-5-101 和 IEC-60870-5-104 通信协议。

（2） 故障信息。为了分析光伏电站事故和安全自动装置在事故过程中的动作情况，使电网调度机构能全面、准确、实时地了解系统事故过程中继电保护装置的动作行为，在大型光伏电站中应装设专用故障录波装置。故障录波装置应记录故障前 10 秒到故障后 60 秒的情况。故障录波装置应该包括必要数量的通道。

光伏电站故障动态过程记录系统大扰动如短路故障、系统振荡、频率崩溃、电压崩溃等发生后的有关系统电参量的变化过程及继电保护与安全自动装置的动作行为。

光伏电站并网点交流电压、电流信号需要接入光伏电站的故障录波装置。保护动作信号、电能质量监测装置触发输出信号可接入故障录波装置的外部触发节点。

规划馆 147.2kWp 光电建筑一体化项目已经并网发电，主要供规划馆馆内的照明和设备使用，电站从早上 8:00 到晚上 20:00 发电量为 471.04 度电，而场馆内的一天使用的电量大概为 2355.2 度，太阳能发出来的电只是场馆用电总量的 20% 左右。广西南宁五象新区三馆屋顶太阳能光电建筑一体化项目总的装机容量为 535.8kWp，电站在 8:00 ~ 20:00 中一年的发电量为 52.5 万度电，而五象新区三馆使用的电量约为 335.56 万度电，只是三馆用电总量的 18%。该光电建筑一体化示范项目只是自发自用，无须将电量输送到电网上。

9.3.3 瑞拓其他太阳能光伏电站项目

1. 潍坊市综合保税区集中连片光伏发电示范项目（图 9.22）

发电量最高，有效地利用了屋顶可用面积，节省了土地资源；安装维护简便，可随雨水自动清洗组件表面灰尘。

2. 广西防城港市政府太阳能光伏示范项目

柔性薄膜电池能够与建筑的屋面完全贴合，安装时屋面无穿孔，不会破坏原有屋面结构，不影响屋面的安全和使用功能。这样既可以做建材，又可以发电，进一步降低了光伏发电的成本，也可以直接用电池组件做建筑材料，如图 9.23 所示。

图 9.22 潍坊市综合保税区光伏发电项目

图 9.23 广西防城港市政府太阳能光伏项目

3. 广西兴安吉阳太阳能光伏项目示范项目（图 9.24）

装机容量大，有效地利用了屋顶可用面积，节省了土地资源；电站建设成本低；有效保护了水泥、彩钢瓦屋面，对屋面的隔热起到很好的作用。

4. 广西岑溪文体中心太阳能光伏示范项目（图 9.25）

太阳能车棚以充分利用城市空间来进行绿色电力的生产，既能保护汽车、电动车等，又能发电。与传统车棚相比，太阳能车棚主要具有以下优势：有效利用了停车棚顶全部面积，节省了土地资源；可随雨水自动清洗组件表面灰尘。

图 9.24　广西兴安吉阳太阳能光伏项目

图 9.25　广西岑溪文体中心太阳能光伏项目

5. 陕西西安太阳能光伏项目（图 9.26）

除了发电外，还有效地取代建筑物幕墙，节省土地资源；与建筑物完美结合，进而形成了集建筑、技术和美学于一体的新型建筑；夏天，有很好的隔热作用，使建筑物内环境温度有所改善。

图 9.26　陕西西安太阳能光伏项目

本章小结

本章选择具有代表性的国家示范太阳能项目：即田阳县古鼎香园区2MWp光伏电站项目，完整的设计内容包括：项目概况、光伏电站方案设计、光伏电站发电量效益、投资经济预算、环境影响评价等。

光伏电站方案设计内容包括：气候条件、设计内容、系统构成、电池板阵列设计、防雷汇流箱设计、逆变器选型、系统数据记录展示与传输部分、系统主要设备配置清单。

电池板设计包括：电池板阵列设计（拓扑结构、连接方式）、最优角度设计（方位角、倾斜角）、组件排列与方阵间距。

光伏电站发电量效益包括：光伏发电系统效率、光伏组件衰减率预测、发电量估算等。

本章习题

1. 光伏电站电池板阵列设计包括哪些内容？
2. 光伏电池板应该考虑哪几个角度？为什么？
3. 电站电池板阵列拓扑结构有几种？决定拓扑结构的主要因素是什么？
4. 光伏电站的选址是否要考虑当地的气候条件？为什么？
5. 光伏电站电池板阵列与汇流箱、逆变装置之间有什么关系？

参考文献

[1] 太阳光发电协会编 . 太阳能光伏发电系统的设计与施工 [M]. 刘树民，宏伟译 . 北京：科学出版社，2006.

[2] 谢士涛 , 黄向阳 , 何清 . 深圳南玻大厦光伏幕墙技术 [J]. 太阳能，2008(01).

[3] 龙文志 . 太阳能光伏建筑一体化 [J]. 建筑节能，2009(07).

[4] 黄柯 . 太阳能光伏电技术在建筑设计中的应用 [J]. 建筑学报，2006(11).

[5] 宣晓东 . 太阳能光伏技术与建筑一体化应用初探 [D]. 合肥工业大学，2007.

[6] 龙文志 . 分布式光伏发电与智能微网的发展 [J]. 建筑技术，2014(04).

[7] 项瑜 . 光伏建筑一体化形式的比较及其对城市热环境的影响 [D]. 天津大学，2012.

[8] 初祎君 . 太阳能光伏建筑的立面设计研究 [D]. 湖南大学，2009.

附录　效果图

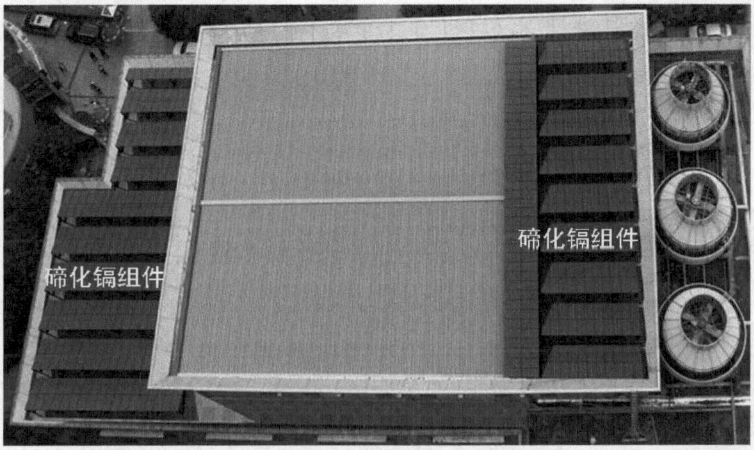

碲化镉组件方案（CdTe）安装效果图（方案一）

柔性铜铟镓硒组件方案（CIGS）安装效果图（方案二）

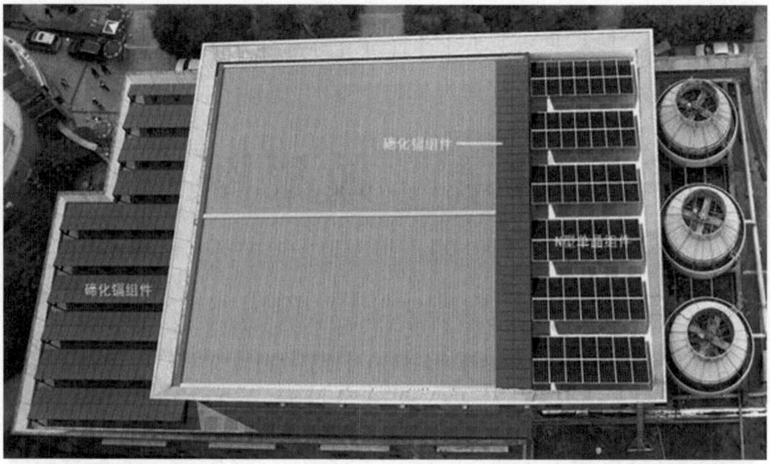

N 型单晶电池 + 碲化镉组件方案安装效果图（方案三）

碲化镉组件 + 铜铟镓硒组件方案（CdTe+CIGS）安装效果图（方案四）